HELI YN EIN GWAED
PYSGOTWYR LLŶN

Heli yn ein Gwaed

PYSGOTWYR LLŶN

Dewi Alun Hughes

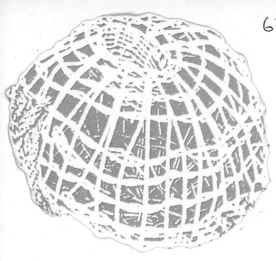

Argraffiad cyntaf: 2014

Rhif rhyngwladol: 978-1-84527-351-4

Mae'r cyhoeddwr yn cydnabod cefnogaeth ariannol
Cyngor Llyfrau Cymru

Cynllun clawr: Eleri Owen
Llun Clawr: Tony Jones www.golaullyn.co.uk

Cyhoeddwyd gan Wasg Carreg Gwalch,
12 Iard yr Orsaf, Llanrwst, Conwy, LL26 0EH.
Ffôn: 01492 642031 Ffacs: 01492 641502
e-bost: llyfrau@carreg-gwalch.com
lle ar y we: www.carreg-gwalch.com

Argraffwyd a chyhoeddwyd yng Nghymru.

Cynnwys

Rhagair	7
Cyflwyniad	11
Porthdinllaen	14
Porth Ysgaden a Phorth Cychod	26
Porth Colmon	36
Porth Ferin	44
Porth Dinas	54
Enlli	60
Y Prynwyr	78
Porth Meudwy	82
Ffarm Cwrt	100
Rigeta Aberdaron	104
Rhuol Rhiw	132
Abersoch	144
Pwllheli	164
Geirfa	176

Cyflwynedig i

Llinos, Enlli, Dylan, Fflur a Lowri
ac er cof
am fy nhad a 'mrawd

Diolchiadau

Hoffwn ddiolch yn fawr i forwyr a thrigolion Llŷn am eu cymorth tra oeddwn yn gweithio ar y prosiect yma.

Hefyd i Bartneriaeth Tirlun Llŷn am y cyfle a'r gefnogaeth i wireddu'r cyfan.

Heb anghofio Nia Roberts, golygydd y llyfr hwn, am ei gwaith diflino yn cywiro fy mratiaith a ffrwyno fy styfnigrwydd

Roeddwn yn gredwr mawr ers blynyddoedd y dylid rhoi hanes y bobol arbennig yma ar gof a chadw i genedlaethau'r dyfodol, ond chredais i erioed mai fi fyddai'r un i wneud hynny.
Diolch yn fawr i bawb am eu cydweithrediad.

Rhagair

Dydi rhywun ddim yn cael cyfle yn aml iawn i weithio yn ei filltir sgwâr gan geisio gwireddu dyhead trigolion yr ardal i ddatblygu a gweithredu prosiectau sydd yn gwella ein hamgylchedd, dathlu ein treftadaeth a cheisio trosglwyddo ein hetifeddiaeth gyfoethog i'r cenedlaethau nesaf ac i bobl sydd â diddordeb mewn dysgu am yr etifeddiaeth honno.

Mae Prosiect Partneriaeth Tirlun Llŷn yn ceisio amlygu a diogelu'r hyn sy'n bwysig i bobl Llŷn, ac roedd yr angen i gofnodi a dathlu treftadaeth forol yr ardal yn flaenoriaeth o'r dechrau.

Drwy'r canrifoedd mae pobl wedi gwneud bywoliaeth yn Llŷn o'r tir a'r môr ond mae'r dreftadaeth forol yn fwy cudd na'r amaeth sydd i'w weld o'n cwmpas bob dydd. Mae'r dreftadaeth forol yn blwyfol iawn – mae pob pysgotwr yn gyfarwydd iawn â'i gynefin pysgota ei hun, ac mae'r wybodaeth gyfoethog am enwau pob penrhyn, ogof, bae a thirffurf arall wedi eu trosglwyddo o genhedlaeth i genhedlaeth.

Fel sawl teulu ym Mhen Llŷn byddai cyflog fy nhad yn dod o fwy nag un ffynhonnell: adeiladu yn ystod y dydd, cwilla gyda'r nos. Mi fyddai'n cadw ei gwch bychan i fyny ar y graig ym Mhorth Cadlan yng nghysgod Maen Gwenonwy lle byddai yn ddiogel o afael Dafydd Jôs. Ddwywaith neu dair yr wythnos byddai'n ras ar ôl dod o'r ysgol i fynd i'r môr; mi fyddan ni'n helpu hefo'r bach bwia a thorri'r abwyd ond doedd gennym ni'r hogia ddim digon o nerth i godi'r cewyll.

Marciau neu nodweddion amlwg ar y tirlun, oedd wedi eu trosglwyddo i 'Nhad gan genedlaethau o bysgotwyr o'i flaen, oedd yn rhoi arweiniad ynglŷn â'r lle gorau i ddal y cimychiaid. Byddai'r crancod a ddaliem yn y cewyll yn dod adref hefo ni i gael eu berwi'r noson honno, ond byddai'r cimychiaid yn cael eu bandio a'u rhoi yn y cawell cadw dan ddiwedd yr wythnos.

Yn y cwt sinc yn Nhŷ Fry, Uwchmynydd y byddai'r gwerthu'n digwydd, pawb yn dod yno hefo'i helfa, gyda'r aur du, bregus yn ffrwtian yn y bocsys pysgota dan orchudd o sach tatws gwlyb neu wymon (i'w cadw yn fyw, ac i'w cadw o olwg pawb arall). Byddai pawb yn ei dro yn pwyso'i helfa ac yn derbyn eu gwobr am eu llafur. Mi fyddai'r pris bob amser yn rhy isel, roedd yr abwyd yn ddrud, mi fyddai'r 'sgota'n dal yn sâl, ond mi fyddent i gyd yno yr wythnos ganlynol.

Byddai nifer fawr o'r un wynebau yn hwylio ym Mae Aberdaron yn ystod yr haf, gyda chychwyr o Lŷn i gyd, o Bwllheli i Dudweiliog, yn defnyddio'r hen gychod pysgota pren traddodiadol i gystadlu yn y Rigeta. Roedd y bobl yma'n gyfarwydd â thrin cychod gyda pheiriant, rhwyfau neu hwyliau, ac yn medru darllen a rhagdybio symudiadau'r llanw a'i ddylanwad ar y gwynt gan fod eu greddf a'u profiad yn caniatáu iddynt ddefnyddio'r elfennau i'w mantais.

Drwy gomisiynu'r ffilm *Heli yn ein Gwaed* crewyd cyfle arbennig i bawb gael blas o fywyd y bobl sy'n gwneud bywoliaeth o'r môr yn Llŷn, a chofnodi'r dreftadaeth fyw yma. Mae'r gyfrol hon yn ychwanegu at hynny, ac yn rhoi ar gof a chadw eiriau, ymadroddion a chymeriadau unigryw diwylliant morol Llŷn.

Arwel Jones
Rheolwr Prosiect Partneriaeth Tirlun Llŷn

PARTNERIAETH TIRLUN LLŶN

Mae'r prosiect yma, sy'n cael ei weinyddu gan Gyngor Gwynedd a'i ariannu gan Gronfa Treftadaeth y Loteri, yr Ymddiriedolaeth Genedlaethol, Cyfoeth Naturiol Cymru a Chyngor Gwynedd drwy Gronfa Datblygu Cynaliadwy AHNE Llŷn, wedi dod â buddsoddiad gwerth £1.7 miliwn i'r ardal dros gyfnod o dair blynedd. Mae'n torri tir newydd yn Llŷn gan ei fod wedi tynnu at ei gilydd nifer o asiantaethau amgylcheddol, statudol, addysgol a chymunedol i gydweithio er lles yr ardal.

Daeth yn glir o'r cychwyn cyntaf drwy ymgynghoriadau cyhoeddus fod pobl Llŷn yn gwerthfawrogi harddwch naturiol yr ardal a'r amrywiaeth mewn cynefinoedd a thirffurfiau mewn ardal mor fychan. Amlygwyd hefyd y diddordeb mawr yn nhreftadaeth ddiwydiannol yr ardal a'r balchder mawr yn yr iaith a'r diwylliant Cymraeg.

Mae aelodau Partneriaeth Tirlun Llŷn yn teimlo bod treftadaeth yn rhywbeth byw iawn yn yr ardal ac felly mae llawer o'r gwaith sydd wedi digwydd trwy'r cynllun yn adlewyrchu'r dyhead i addysgu a rhannu gwybodaeth am y rhinweddau yma gyda phobl leol ac ymwelwyr.

Rhannwyd y rhaglen waith i bedwar prif faes:

* Diogelu cynefinoedd ac asedau hanesyddol
* Sicrhau bod cymunedau yn falch o'u treftadaeth ddiwylliannol
* Gwella mynediad a chyfleoedd i ymweld a phrofi'r dreftadaeth ddiwylliannol
* Gwella sgiliau'r gymuned i gynnal a gwella'r dirwedd dreftadol

Prosiectau sydd wedi eu cwblhau:

* Cynllun i adnewyddu dau fwthyn traddodiadol yn Rhiw

- Gwaith rheoli rhostiroedd arfordirol Llŷn
- Datblygu amffitheatr a llwybrau yng Nghoedwig Plas Glyn y Weddw, Llanbedrog
- Gŵyl Arfordirol Llŷn
- Gŵyl y Bryngaerau yn Felin Uchaf, Rhoshirwaun
- Ffilm *Heli yn ein Gwaed* sydd yn edrych ar gyfoeth morwrol yr ardal
- Gwaith i greu nifer o gylchdeithiau lleol fydd yn cysylltu â llwybr arfordir Llŷn
- Nifer o gyfleon hyfforddi gydag achrediad mewn sgiliau gwledig
- Gweithgareddau sy'n cynnig cyfleoedd i wirfoddoli gyda'r Ymddiriedolaeth Genedlaethol a Chadw Cymru'n Daclus
- Prosiect i gryfhau'r cysylltiad rhwng Enlli a'r Tir Mawr
- Gweithgareddau i annog dysgwyr i ymarfer eu Cymraeg a dod i adnabod yr ardal

Mae mwy o wybodaeth am y cynllun ar wefan AHNE Llŷn: **www.ahne-llyn-aonb.org**

Cyflwyniad

Mae'r môr wedi chwarae rhan bwysig ym mywydau nifer fawr o bobl Llŷn erioed am wn i. Fel y clywais un hen 'sgotwr yn dweud un tro wrth gyfeirio at y ffaith fod môr i dri chyfeiriad; 'Duw, dim ond tua'r dwyrain allwch chi fynd o'ma heb wlychu'ch traed.'

Bûm yn ddigon ffodus i ddod i adnabod nifer helaeth o bysgotwyr a morwyr yr ardal yn dda dros y blynyddoedd. Rhyw sefyllian ar y cyrion yn gwrando arnyn nhw'n sgwrsio oeddwn i yn blentyn; yn rhyfeddu at eu hymadroddion naturiol a'r ffordd yr oedden nhw'n trafod eu cychod – yn cyfeirio at y mwyafrif fel 'hi' a nifer wedi eu henwi ar ôl eu gwragedd, eu mamau a'u merched. Yn ddiweddarach cefais fy nerbyn i'w plith a chael bod yn rhan o'r sgwrsio. Byddwn yn gwrando'n astud ar eu straeon difyr – roedd rhai ohonynt yn wir, ambell un ag ychydig o wirionedd ynddynt a'r gweddill yn dod yn ddwfn o'r dychymyg. Do wir, dysgais yn ifanc iawn mai rhai da am stori ydi 'sgotwyr.

Roedd y syniad y dylid recordio sgyrsiau hefo'r bobl yma wedi bod yn chwarae yng nghefn fy meddwl ers tro byd. Fel y deuai canol haf yn flynyddol, rhyw benderfynu y byddwn yn mynd ati y gwanwyn canlynol yr oeddwn i. Bûm yn tindroi yn ormodol, ac yn y cyfamser collwyd nifer o gymeriadau lliwgar iawn.

Yn nechrau 2012 daeth Partneriaeth Tirlun Llŷn i'r adwy a rhoi'r hwb angenrheidiol i mi i ddechrau o ddifrif ar y gwaith. Roeddynt hwythau, fel finnau, yn gweld pwysigrwydd rhoi straeon, hanes a ffordd o fyw ar gof a chadw.

Yr haf canlynol, tybiwn mai gen i oedd y joban orau yn y byd. Llwyddodd golygfeydd Llŷn i warchod fy ngallu ffotograffiaeth cyfyngedig gan fy ngadael i lwyr ymgolli yn y sgwrsio. Haf cyfan o forio a siarad gyda hen ffrindiau – a gwneud ambell un newydd hefyd.

Recordio sgyrsiau yn unig oedd y bwriad gwreiddiol ond gan i bawb gyfrannu mor wych penderfynwyd golygu ffilm fechan o'r deunydd. Ia, ffilm fechan a drodd yn awr a thri chwarter. Yn anffodus, doedd hi ddim yn bosibl cynnwys holl bysgotwyr yr ardal, felly trawsdoriad yn unig sydd yma.

Wrth gwrs, roedd y gwaith yma'n bleser oherwydd fy niddordeb i fy hun yn y môr – diddordeb a ddechreuodd pan oeddwn yn blentyn ifanc iawn. Dwi'n cofio cael mynd allan am haf cyfan i godi cewyll hefo ewythr i mi; byddwn yn mynd fel cath i gythraul ar fy meic ar doriad gwawr i'w dŷ yn Aberdaron, ac yn y fan wedyn i Borth Llanllawen. Byddem yn casglu sachaid o abwyd drewllyd o ryw hen gwt ar y ffordd, a gorfod ei gario ar ein cefnau i lawr i'r traeth at y cwch.

Cwch bychan iawn oedd y *Tôn* – dim llawer mwy na bath go lew y dyddiau yma – yn un droedfedd ar ddeg o hyd ac wedi ei adeiladu i lawr yn y pentref. Cwch bychan, ond un cadarn; digon cadarn bryd hynny i godi cewyll rhwng Porth Dinas a bae Ffynnon Fair. Dwi ddim yn credu y byddai fawr neb yn herio'r Swnt mewn cwch o'r un maint heddiw.

Mi ddysgais wersi gwerthfawr iawn am y tywydd a'r teidiau yn ystod yr haf hwnnw – gwersi y byddaf yn eu cofio drwy f'oes, a gwersi sydd wedi fy nghadw allan o drwbwl lawer gwaith.

Yn rhyfeddol, nid y cwch, y môr na'r 'sgota sy'n dod i'r cof gyntaf, ond y brechdanau tomato wnâi fy ewythr i ni'n ddyddiol; y rheini wedi eu gwneud hefo bara sleis ac wedi eu lapio'n ofalus yn y papur cŵyr y daethai'r dorth ynddo. Doeddwn i erioed wedi cael bara sleis o'r blaen, ac ew, mi oedd y frechdan yn wahanol ac yn neis. Edrychwn ymlaen at amser paned bob dydd. Byddem yn stopio'r cwch tua Bae Mawr fel arfer, ac agor y papur yn ofalus. Byddai'r brechdanau i gyd wedi glynu yn ei gilydd fel bloc o bwti gwlyb. Rhyw gymysgedd digon rhyfedd oedd y blas: bara, tomato a menyn Eifion (wrth gwrs), yn gymysg â diferion o ddŵr môr a mymryn o sug abwyd a lifai i lawr fy llawes.

Mi gofia i hefyd un o'r troeon cyntaf i mi afael mewn cimwch – wel, a dweud y gwir, tydi hynny ddim yn hollol wir. Fo afaelodd yn fy llaw i. Er rhwygo'i fawd i ffwrdd roedd o'n dal i wasgu ac yn gwrthod gollwng ei afael. Ei roi o oddi tan y dŵr poeth oedd yn pwmpio allan o'r injan Seagull weithiodd yn y diwedd – a doedd fiw i mi gwyno gan mai cimwch ag ond un bawd oedd ganddon ni erbyn hynny, a hwnnw'n werth llai o lawer ar y farchnad.

Ia, haf o ddysgu gwersi oedd hwnnw, ac erbyn ei ddiwedd roedd yr heli yn fy ngwaed innau. Ychydig a feddyliwn yr adeg honno y byddwn, ymhen rhyw hanner can mlynedd, yn cael y fraint o gynhyrchu ffilm ar bysgotwyr yr ardal.

Noson fythgofiadwy i mi oedd noson y dangosiad ar y sgrîn fawr yn Neuadd Dwyfor, Pwllheli. Cerddais filltiroedd yn ôl ac ymlaen ar hyd gefn y neuadd drwy gydol yr awr a thri chwarter. Ofn i rywbeth fynd o'i le ar y taflunydd, poeni beth fyddai ymateb y gynulleidfa a gobeithio i mi lwyddo i wneud cyfiawnder â'r bobl arbennig yma. Wedi'r cwbwl, rydw i'n rhyw drio ystyried fy hun yn un ohonyn nhw.

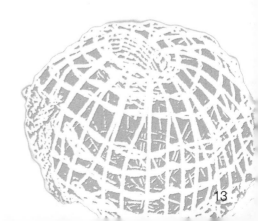

Porthdinllaen

Mi ges i ddechrau fy nhaith o amgylch arfordir Llŷn ym Mhorthdinllaen, un o'r ychydig lefydd lle gallwch gadw cwch allan ar fŵring. Roedd hi'n braf iawn mynd yn ôl i Borthdinllaen i hel atgofion – treuliais oriau lawer yno pan oeddwn yn blentyn yn ymweld ag ewythr i mi, Twm Moore, oedd yn Gapten y Bad Achub. Ia, Capten, gan fod hynny yn y dyddiau cyn i mi glywed y gair Cocsyn. Roedd o yn dipyn o arwr i mi, bob amser yn ei ddillad smart – wel, bob tro y gwelwn i o beth bynnag – a phig ei gap bob amser yn sgleinio. Mae llawer wedi newid yn yr ardal, fel yng ngweddill Llŷn, erbyn hyn; yr hen forwyr wedi mynd a'r welcs wedi cymryd lle'r penwaig.

Roeddwn yn edrych ymlaen yn eiddgar i fynd i lawr yno i recordio sgwrs efo cyfaill agos iawn i'm hewyrth. Dwi'n cofio clywed sawl stori am y ddau – ond nid y math o straeon y gallwn eu rhoi mewn print, mae arna i ofn.

Owi Roberts, neu Owi Glanrafon, ydi'r cyfaill yma. Doedd gweddill fy nheulu i lawr tua Aberdaron byth bron yn cofio enw Owi, a chan ei fod yn glamp o ddyn fe'i bedyddiwyd 'yr hen foi mawr 'na'. Mae'n rhaid i mi gyfaddef mai fel 'yr hen foi mawr 'na' yr oeddwn inna'n ei adnabod o tan yn ddiweddar iawn.

Owi Roberts

Daeth yn amlwg fod Owi wedi hen arfer â phwyllgora a siarad yn gyhoeddus pan aeth ati i sgwrsio o flaen y camera.

Wel, mi ydw i wedi treulio'r rhan fwyaf o f'oes lawr tua Phorthdinllaen 'ma – un o'r llefydd brafiaf yn y byd. Mi oeddwn i'n ysgrifennydd Pysgotwyr Llŷn am ddeng mlynedd ar hugain ac yn 'sgota yma hefo Twm Moore yn ystod y chwe a'r saith degau; mi fûm yn aelod o griw y Bad Achub am bum mlynedd ar hugain ond dwi wedi ymddeol o'r cyfan erbyn hyn.

Pan ddechreuodd Twm a finna 'sgota, cwch bach deuddeg troedfedd o'r enw *Helga* oedd ganddon ni. Tua 1964 oedd hi. Dwi'n cofio cael pump o gewyll gan Huw, brawd Twm, yn Aberdaron i ddechrau. Dwi'n cofio mynd allan y noson gynta i'w codi nhw. Codi'r cawell cynta ac mi oedd 'na gimwch ynddo fo. Dyma orfod troi at Twm i ofyn be i'w wneud efo fo. 'Ei ysgwyd o nes bydd o'n fflat,' medda Twm, 'ac wedyn gafael yn 'i gefn o, y tu ôl i'r bodia, ac mi fyddi di'n iawn.' Fel yr oeddwn i'n rhoi fy llaw i mewn yn y cawell, hitiodd Twm fi tu ôl i 'mhen efo clwt, a dyma'r cimwch i 'mys i, a gwasgu yn y modd mwya diawledig! Roedd Twm yng nghefn y cwch yn chwerthin yn braf.

Gwerthu *Helga* wnaethon ni yn y diwedd a phrynu

Blodwen, cwch deunaw troedfedd oedd wedi ei adeiladu yn Nhŷ'n Lôn, Uwchmynydd. Roedd Twm ar y pryd yn Gapten y Bad Achub ac yn Harbwrfeistr ym Mhorthdinllaen 'ma, felly roedd angen cwch mwy i osod y mŵrings i lawr.

Mi fyddan ni'n gosod mŵrings i ryw gamp *public school* yn flynyddol. Doedd ganddyn nhw ddim llawer o bres ac angen gosod mŵrings ar gyfer dau gwch. Dyma alw yno, a be welodd Twm oedd dau gwch bach deg troedfedd. 'Duw, mi fedran ni wneud rheina i fyny, 'sti,' medda fo, a deud wrth y dyn y cymera fo'r rheini yn lle'r arian. Ac felly buodd hi; gwneud y ddwy i fyny – 'senna, tofftia newydd ac ati. Mi werthon ni un a chadw'r llall.

Wrth losgi'r hen farnish oddi arni dyma enw'n dechrau dod i'r golwg fesul llythyren. S... P... O... T... T... Y... C... O... C... K. A dyna fu hi byth. Mae'r plat pren efo'r enw arno fo wedi ei sgriwio ar do'r garej acw erbyn hyn.

Doedd yna fawr neb ond ni a dau gôstgard yn pysgota yma yr adeg hynny. Fu ganddon ni erioed fwy nag ugain o gewyll – roedd hynny yn fwy na digon ar y pryd toedd?

Roedd y cewyll yn cael llonydd allan yna – roedd caban Gwylwyr y Glannau ar y trwyn a rhywun yno rownd y rîl, neu felly roedd pawb yn meddwl. Y gwir amdani ydi mai coes brwsh llawr efo cap y Côstgard ar ei ben o oedd yno. System dda 'te?

Ffordd i gael rhyw geiniog neu ddwy o bres poced ychwanegol i'w gwario tua'r Tŷ Coch 'na oedd y 'sgota ma' siŵr.

Mi fydda amryw ohonan ni'n mynd i lawr yn gynnar iawn ar fore Sadwrn i llnau'r Bad Achub a'r cwt. Ninna wedi bod yn y Tŷ Coch y noson cynt a Twm yn dechra pregethu am yr '*evils of drink*' – piso pres yn erbyn wal, medda fo. Ond erbyn tua un ar ddeg mi fydda'n troi ata i a gofyn, 'faint o'r gloch ydi hi, Glanrafon ....?' 'Un ar ddeg,' atebwn. 'Fasa'n well i ni gael rhyw leifnar bach dŵad?' Yn y Tŷ Coch fyddan ni drwy'r pnawn wedyn yn rhoi'r byd yn ei le.

Mi gawson ni amser difyr iawn. Yr unig beth trist oedd i ni golli Twm ym mloda'i ddyddiau yn 53 oed.

Mi oedd yna gymeriad hefo ni ar y Bad Achub, Alun Rhiwlas oeddan ni yn ei alw fo. Roedd Twm wedi rhoi cwrs i'w hanelu hi am Enlli un tro, a dyma finna'n digwydd deud, 'Hei Alun! Ti *one degree* allan!' '*What's one degree in the Atlantic?*' oedd ateb hwnnw.

Bob mis Awst mi fydda'r Bad Achub yn mynd i Aberdaron, ar ddiwrnod y Rigeta. Rhyw drip i'r criw oedd hwnnw. Aros yno drwy'r dydd a mynd am adra gyda'r nos; cael ein bwydo yn y Tŷ Newydd a'r Ship. Ew, diwrnod da oedd o, cael cyfarfod hogia lleol Aberdaron. Angori'r bad achub yn y bae fyddan ni, ac un o'r hogia lleol yn ein cario ni i'r lan mewn cwch bach. Mi fydda 'rhen Ifans Plisman – cawr o ddyn, pawb yn 'i nabod o – ar y traeth yn aros amdanon ni. Y peth cynta fydda fo'n ofyn oedd; 'Hei! Be sgin ti heddiw, Owi? Bocsars ta bŵsars?' 'Bŵsars,' medda finna wrtho fo. 'Wel, gofalwch 'ych bod chi allan o'r Tŷ Newydd 'na erbyn hannar awr 'di pedwar, achos os ddaw'r Insbector i lawr o Bwllheli, yn y jêl fyddwch chi i gyd!' oedd ymateb Ifans bob tro.

Toedd 'na straeon difyr i'w clywed y dyddia hynny, toedd? Mi gofia i Donald, fy mrawd yng nghyfraith, yn deud am ryw gymeriad o Ben Llŷn wedi mynd i Borth Neigwl hefo beic i hel broc môr. Mi ffeindiodd shît o sinc reit glyfar, mae'n debyg, a'i chario hi i fyny at y lôn. Yr unig ffordd i'w chael hi adra oedd drwy ei chlymu hi ar ei gefn a neidio ar y beic. Wyddoch chi ei bod hi'n chwythu mor ddiawchedig nes y bu'n rhaid iddo frêcio yr holl ffordd i fyny allt Y Rhiw, medda fo. Un dda 'di honna 'de?

Y *Charles Henry Ashley* oedd y bad achub gynta i mi griwio arni yma. Cwch agored heb wheelhouse oedd hi pan ddaeth hi yma i ddechra, ond mi oeddan nhw wedi gwneud tipyn o waith arni erbyn i mi ymuno a'r criw. Wedyn mi ddaeth yr *Hettie Rampton*, cwch mwy a chyflymach.

Mae 'na ddwy alwad yr ydw i'n 'u cofio'n fwy na'r

gweddill. Mi fuon ni allan am chwe awr ar hugain yn chwilio am ddeifars oedd wedi mynd allan o Roscolyn, ac ar goll. Pan aethon ni i chwilio am rwbath i'w f'yta dyma ffendio bod rhywun wedi dwyn y bwyd i gyd. Pawb ar lwgu a dim tamaid ar y cwch. Y bore wedyn, a ninna tua wyth milltir i'r gogledd o Enlli mewn niwl trwchus, ond hefo'r gwynt wedi gostegu rhywfaint, galwodd cwch y Royal Fleet Auxilliary, sef y *Syr Geraint*, ni ar y radio. Dyma ddeud wrthyn nhw ein bod allan ers oriau, a heb fwyd. 'Dowch along seid, ac mi gewch chi fwyd hefo ni,' meddan nhw. Dyna'r brecwast gorau gafodd pob un ohonon ni erioed.

Yr alwad arall oedd ar y ffordd yn ôl wedi bod yn cynorthwyo iot ar far Caernarfon. Mi gawson ni alwad ar y radio yn deud bod rhywun ar goll allan o Gyrn Goch. Gorchwyl dristaf fy mywyd oedd codi corff merch un ar hugain oed i'r cwch, wedi boddi.

Digon direidus oedd sgwrs Owi wedi bod hyd yn hyn, ond newidiodd tôn ei lais a diflannodd y wên wrth adrodd hanes y ferch ifanc.

Ia, pobol yn peryglu eu bywydau eu hunain i geisio achub eraill ydi criwiau'r Badau Achub. Gobaith pob cychiwr ydi na fyddan nhw byth yn gorfod eu galw allan, ond mae'n dawelwch meddwl gwybod eu bod yno pe byddai angen.

Mae llawer mwy'n 'sgota o Borthdinllaen erbyn hyn wrth gwrs, nifer yn llawn amser. 'Sgotwrs rhan amser oedd pawb yn y dyddiau pan oeddwn i a Twm wrthi. Mae 'na ambell un wedi dechra 'sgota penwaig yma eto, yn ystod misoedd Tachwedd a Rhagfyr ffor'na, ond am y welcs mae llawer yn 'sgota erbyn hyn. Toedd 'na ddim marchnad i'r welcs pan oedden ni wrthi, er y bydden i'n cael llond cawell weithia. Neb isio gwybod amdanyn nhw, nag oedd, felly yn ôl i'r môr oeddan nhw'n mynd. Mae 'na nifer yn dal i 'sgota am grancod a chimychiaid yma hefyd. Yr arferiad o farcio cynffonnau'r ieir sy'n cario wyau a'u taflu'n ôl i'r môr sydd wedi achub stoc y cimychiaid ym Mhen Llŷn, yn fy marn i.

Mae pysgota'n rhan fawr o economi'r ardal, ac wedi bod erioed yn tydi?

Gorffennodd Owi ei sgwrs hefo'r un frawddeg ag yr oeddwn i'w chlywed gan bron bob un o'r cyfranwyr.

Mae'r hen gymeriadau i gyd wedi mynd tydyn, does neb yn dod yn eu lle nhw, nag oes?

Harry Parry

'Pris cimwch i lawr eto,' oedd y llinell gyntaf glywais i gan Harry Parry tra oedd o'n sgwrsio efo 'sgotwyr eraill tu allan i dafarn y Tŷ Coch ym Mhorthdinllaen. Methu dallt oedd o sut mae'r pris mor sâl a chyn lleied yn cael eu dal. Mae'n llwyddo i grafu rhyw fath o fywoliaeth ac yn lwcus fod ei forgais wedi ei dalu, medda fo. Gyda llaw, mi ddois i i ddeall nad oes yr un o 'sgotwyr Llŷn yn dal fawr o ddim – pawb yn cwyno, neb yn brolio – codi cewyll gwag a dim pris i'w gael am yr ychydig a ddaliwyd. Fel'na bu hi erioed, am wn i. Yn ystod y sgwrs cododd ei lais pan soniodd rhywun iddo weld cimwch ar werth am dros dair punt ar hugain ym marchnad Caerdydd. Er hyn, golwg digon iach a llond ei groen sydd ar bob un. Ia w'chi, pobol gyfrinachol iawn ydi 'sgotwyr.

Sgwrs allan ar y môr tra oedd o'n codi cewyll cimwch rhwng Porthdinllaen a Threfor gefais i efo Harry.

Dwi'n cwilla yn yr ardal yma ers dros bymtheng mlynedd ar hugain bellach. Mae llawer wedi newid yn ystod y cyfnod hwnnw. Mae hon tua'r trydydd cwch i mi ei chael ers hynny, ydi'n tad, neu'r pedwerydd hefyd os cofia i'n iawn, Ydi, mae hon y bedwaredd, yn tydi.

O! Mae'r cymeriadau gorau wedi mynd, yr hen rai, ydyn tad. Dwi'n cofio Dic Pant, yr hen gr'adur – doedd o ddim yn 'sgotwr mawr ond mi fydda wrth ei fodd yn stwna efo cychod a phetha felly. Mi fydda'r hen Huw Caff yma; Huw Ceffyl Mawr fydda rhai yn 'i alw fo. Huw Williams oedd ei enw iawn o, un o frodorion Enlli wedi dod yma oedd o. Mi oedd 'na sawl stori i'w chael ganddo fo pan oeddan ni'n 'sgota mecryll ynde. Paid â gofyn i mi faint ohonyn nhw oedd yn wir, chwaith! Dwi'n ei gofio fo'n deud ei fod o'n cario *chippings* o Garreg Llam i rwla ynde, wedi sheflio digon o'r *chippings* ar ddec y cwch i wneud lôn ar draws y bae o Garreg Llam i Borthdinllaen, medda fo. Mae rhyw stori fel'na'n sticio ym meddwl rhywun tydi?

Mae'r 'sgota wedi gwella i fel y bydda hi. Codi maint y cimychiaid aiff i'w gwerthu a'r system o farcio a gollwng rhai yn ôl sy'n bennaf gyfrifol dwi'n meddwl. Faswn i'n deud bod 'na dipyn mwy o gimwch i'w weld rŵan nag oedd 'na pan oeddwn i'n dechra 'de. Tydi'r pris ddim wedi newid llawer dros y pymtheng mlynedd ar hugain diwetha 'ma chwaith. Rwbath tebyg ydi hwnnw o hyd, ia'n Duw.

Yli, 'dan ni allan o'r fynwant rŵan.

Pwyntiodd Harry tuag at rhyw hanner milltir o gerrig mawr rhwng Nant Gwrtheyrn a Threfor.

Fa'ma fydd nifer fawr o gewyll yn darfod eu hoes bob blwyddyn. Gwynt caled o'r gogledd-orllewin yn eu golchi nhw i'r lan ac yn eu malu nhw'n racs yn erbyn y creigiau 'na. Mae'n anodd mynd i'r lan i'w nôl nhw hefyd gan fod y creigiau'n ymestyn ymhell allan i'r môr.

Mae 'na bob math o bethau'n mynd i mewn i'r cewyll yma – *husses*, *rocklings*, gwrachod, *hermit crabs*, welcs, digon o rybish 'de; ac mae'r *spider crabs* wedi dod yn bla yn ystod y pymtheng mlynedd diwetha 'ma. Yn enwedig o fis Mai tan ddiwedd Awst, wedyn mae'r mwyafrif yn diflannu i'r dŵr dwfn dros y gaeaf. Maen nhw'n eistedd ar ben y cawell, wedyn fedar dim arall fynd i mewn, ac yna yn neidio i ffwrdd fel mae'r cawell yn torri'r wyneb.

Mae 'na un neu ddau newydd wedi dechra 'sgota yma'n ddiweddar... mae 'na rai yn yr ysgol yn dangos diddordeb hefyd, ond dwn i ddim ydi'r diddordeb yn ddigon cryf i ddod i mewn i'r diwydiant chwaith.

Mae 'na rai yn meddwl bod y job yn fêl i gyd ond tydi hi ddim o bell ffordd 'te, dim pan fydd hi'n chwythu'n galed ac yn bwrw glaw; a dyddiau oer pan fydd cewyll gwag yn dod i fyny. Mae o'n ddigon i dorri calon ambell un ma' siŵr, ond rhaid dal ati, ynte. 'Tae rhywun yn dod allan pan fydd hi'n chwythu i weld faint o sgytwad mae'r corff yn 'i gael... ia wir, mae'r hen gymalau'n cwyno'n arw ar ôl bod allan mewn tipyn o wynt.

Mae'n llawer haws erbyn heddiw hefyd yn tydi – does dim angen codi cewyll hefo llaw nag oes. Mae gan bawb winsh neu *hauler* does?

Mae Porthdinllaen 'ma'n lle iawn i gadw cwch. Mae'n ddigon cysgodol pan ddaw'r gwynt o'r gorllewin, ac o'r cyfeiriad hwnnw y daw'r gwynt gan amlaf. Ar wynt dwyrain mi all hi fod chydig yn hegar yma, ond os ydi'r tsheiniau a'r angorion yn iawn, does dim angen poeni'n ormodol ynte.

Dechra 'sgota tua mis Mawrth, a rhoi'r gorau iddi tua Rhagfyr, 'lly, fydda i. Os bydd y tywydd yn caniatau ydi hynny, wrth gwrs. Mi ydan ni'n hollol ddibynnol ar y tywydd yn tydan? Diawch, mi gwelis i hi'n chwythu am chwech wythnos. Fedrat ti wneud dim ond eistedd ar y lan yn sbio ar y cwch allan ar y mŵrings ynde.

Mi fydda i'n trio 'sgota am chydig o benwaig yn y gaeaf – os gwneith hi dywydd 'de. Tywydd oer a llonydd sydd ei angen i ddal penwaig, ond tydan ni ddim wedi cael llawer o hwnnw yn ddiweddar, naddo? Chydig iawn o benwaig weli di pan fydd hi'n hegar.

Mae 'na ddyfodol iawn i'r pysgota yma yn toes, dim ond bod rhaid i rywun ymladd chydig ynte. Peidio â digaloni a lluchio dy gap i fewn yn rhy fuan 'te.

Mae 'na fywoliaeth i'w gwneud, ond wnei di ddim ffortiwn chwaith. Mae rwbath yn codi'i ben o hyd, llawer o gostau toes? Angen trwsio hyn a'r llall neu brynu injan newydd bob hyn a hyn... tydi elw rhywun yn mynd fel'na tydi? Ond mae posib byw arni 'de; ond i ti fod yn ofalus a pheidio bod yn afrad hefo dy bres mi ddylet fod yn iawn.

Mi garia i ymlaen am chydig eto ma' siŵr, tra bydd yr iechyd yn caniatáu, ynte.

Rhyw fygwth peidio gwneud na phrynu mwy o gewyll, a rhoi'r gorau iddi pan ddaw oes y rhai presennol i ben wnaeth Harry, ond choelia i ddim y gall o aros ar dir sych yn hir.

Peter Jones

'Dwi'n 'sgota ers pan oeddwn i'n hogyn. Mae gen i gwch wedi bod erioed,' oedd ateb Peter pan ofynnais iddo ers faint roedd o'n pysgota. Bellach mae Stuart, ei fab, yn gweithio gydag ef, a maent hefyd yn cyflogi trydydd person i hwyluso'r gwaith. Dydi Stuart wedi gwneud dim ond 'sgota erioed, nag yn rhagweld y bydd yn gwneud dim arall, medda fo. 'Sgota am gimwch, cranc a welcs, neu'r falwen fôr, fel y mae Peter yn ei galw, maen nhw. Rhyw ugain mlynedd yn ôl y dechreuwyd 'sgota am y falwen yn yr ardal yma, yn ôl Peter.

Mi fysa hi'n llawer anoddach gwneud bywoliaeth hebddi, gan fod tymor y cimwch a'r cranc mor fychan, ond mi fedran ni 'sgota am y falwen gydol y flwyddyn. Mi fydd fan neu lori... dibynnu ar faint yr helfa... yn casglu'r malwod bob dydd ac yn eu hanfon i Fleetwood i gael eu prosesu. Wedyn, mae'r cyfan bron i yn mynd i Dde Korea lle maen nhw'n cael eu cyfri fel rhyw fath o affrodisiac, meddan nhw.

Treuliais ddiwrnod allan ar y môr hefo'r tri, neb yn dweud dim ond pawb yn gwybod beth i'w wneud nesa a phopeth yn gweithio fel watsh. Peter oedd yn rheoli'r winsh a chodi'r cewyll, Stuart yn eu gwagio a Maldwyn yn eu habwydo a'u stacio'n barod i'w saethu i'r môr unwaith eto. Jariau plastig pum galwyn (neu ugain litr erbyn hyn) wedi eu haddasu yw'r cewyll – rhyw bump ar hugain ar bob rhaff a rhyw ddeg gwryd rhwng pob un. Unwaith y gollyngwyd y cewyll yn ôl i'r môr aeth Peter i droi trwyn y cwch tuag at y cewyll nesaf. Aeth Stuart ati i ridyllu'r malwod gan daflu'r rhai bychan yn ôl a Maldwyn i baratoi abwyd gan dorri hen grancod drewllyd yn eu hanner gyda rhyw erfyn tebyg i fwyell ddigon mileinig yr olwg. Popeth eto yn digwydd yn hollol naturiol fel y digwyddodd filoedd o weithiau o'r blaen. Torrwyd ar sŵn undonog peiriant y cwch pan ddywedodd Maldwyn ei fod yn gweithio ar gychod ers ugain mlynedd a mwy. Does dim gwaith arall i'w gael yn lleol, medda fo. Petaen nhw ddim yn 'sgota mi fyddai'n rhaid chwilio am waith ar safle adeiladu, ond mae hwnnw'n ddigon anodd i'w gael erbyn hyn. Mae'n llawer gwell ganddo 'sgota'r cimwch na'r welcs – mae 'sgota'r welcs yn waith tipyn caletach.

Sylwais ar y dechrau nad ydi Peter yn un am frolio, ac nad oedd am sôn dim am ei bymtheng mlynedd fel Cocsyn y Bad Achub heb i mi ei holi. Roedd yn rhaid i mi gael gofyn am ei alwad fwyaf cofiadwy.

Mae pob galwad yn gofiadwy, ond un o'r rhai mwyaf cofiadwy oedd y noson yr aeth y *Kimia* i lawr ddechrau Ionawr 1991, rhyw ddeuddeg milltir i'r gorllewin o Borthdinllaen. Noson oer, stormus ofnadwy. Y cyfan wnaethon ni lwyddo i'w godi oedd pedwar corff. Cododd yr hofrennydd ddau yn fyw ac mae chwech yn dal ar goll.

Byddai'n anodd iawn i rywun ifanc ddechrau 'sgota y dyddiau yma, yn ôl Peter. Rhaid fyddai dechrau yn fychan

iawn a byddai hynny, hyd yn oed, yn anodd heb i rywun eu cefnogi'n ariannol. Mae costau cwch, trwydded ac offer mor uchel a daw hyn cyn dechrau talu am abwyd a diesel a chyflog y criw, wrth gwrs.

Er i mi fod yn 'sgota gydol fy oes, es i ddim i mewn i'r diwydiant yn llawn amser tan i 'nghyfnod ar y Bad Achub ddod i ben. Mae'r corff yn mynd i ddeud wrtha i pryd i roi'r gorau iddi, wedyn mi fydd Stuart, y mab, yn ddigon profiadol i gymryd drosodd.

Pan ofynnais i Stuart faint a ddysgodd am forio gan ei dad, 'bob dim' oedd ei unig ateb.

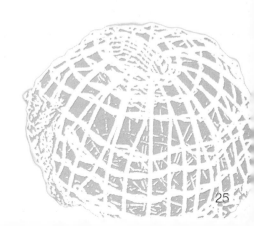

Porth Ysgaden a Phorth Cychod

Wedi gadael Porthdinllaen, anelais tua'r de-orllewin a chyrraedd Porth Ysgaden a Phorth Cychod – dau draeth bychan ger pentref Tudweiliog. Er nad oes ond gwta ddau gan llath yn gwahanu'r ddau dros y tir mae tipyn mwy drwy'r môr gan fod un yn wynebu'r gogledd-ddwyrain a'r llall y de-orllewin. Roeddynt yn llefydd prysur iawn rai blynyddoedd yn ôl gyda nifer o bysgotwyr llawn amser yn gweithio oddi yno. Ychwanegwch y rhai rhan amser oedd yn mynd allan gyda'r nosau a phenwythnosau, a'r nifer o gychod pleser â physgotwyr mecryll, a gallwch ddychmygu'r bwrlwm. Erbyn hyn mae un cwch yn cwilla o Borth Cychod a rhyw ddau gwch yn 'sgota mecryll – ac un cwch ar ei drelar heb symud ers tua deuddeng mlynedd. Cwch pren ac ôl gwaith caled arno ydi hwn, wedi ei adeiladu'n gywrain iawn tua'r pedwar degau. Cwch ddaeth â 'sgotwr blinedig yn ôl i'r lan yn saff bob tro – ac un sy'n haeddu ymddeoliad gwell na phydru ym Mhorth Cychod. Y dyddiau yma does yr un cwch yn gweithio allan o Borth Ysgaden – dim ond ambell gwch fydd yn ymweld yn ystod yr haf, yn cario nofwyr tanddwr gan amlaf.

Robin Sgoldy

Doeddwn i ddim yn nabod Robin yn dda iawn cyn dechrau ffilmio *Heli yn ein Gwaed*, ond ar ôl hanner awr yn ei gwmni roeddwn yn teimlo fel petaen ni'n gyfeillion mawr ers blynyddoedd maith. Treuliasom oriau (ar fy ymweliad cyntaf, hyd yn oed) yn eistedd yn ei stafell fyw yn rwdlan am y môr a chychod, a'i wraig yn ei gwaith yn cario te i ni. Mi ydw i'n dal i gofio i mi addo dod â bocs o fagiau te efo fi y tro nesa y byddwn i'n galw. Ar ymweliad arall, a'r ddau ohonom yn llwyr ymgolli yn ein sgwrs, cododd ei wraig a dweud ei bod yn mynd i'r gegin i wneud cacen. Cyflwynwyd y gacen yn orffenedig ar blât cyn i mi adael. Pobol groesawgar ydi morwyr Llŷn, 'chi.

Mae'n anodd iawn credu mai 'sgotwr rhan amser oedd Robin gan mai gwag oedd ei drelar ar y traeth bob tro yr ymwelwn i â Phorth Cychod. Gof yn y pentref oedd o wrth ei waith bob dydd ond yn naturiol iawn dilynodd ei dad, Richard Williams (neu Dic Sgoldy fel yr oedd pawb yn ei adnabod) i 'sgota cimwch.

Pan oeddwn yn blentyn bach, roedd gen i ryw syniad

yn fy mhen o sut y dylai wyneb morwr edrych. Wyneb Robin yw un o'r rhai tebycaf i'r pictiwr yma a welais erioed. Wyneb wedi ei saernïo gan flynyddoedd maith o wres yr efail a heli'r môr.

Ar ôl y cyfarchion arferol a rhyw air neu ddau am y tywydd gofynnais iddo adrodd ychydig o'i hanes yn morio. Eisteddodd yn ôl yn ei gadair a'i gwneud yn amlwg nad oedd yr ateb yn mynd i fod yn un byr na sydyn. Gwnaeth ei hun yn gyfforddus.

'Sgotwr rhan amser oeddwn i. Rhyw fath o hobi oedd o. Toeddwn i ddim yn gwneud digon i fyw arno fo ond mi oedd o o gymorth mawr, yn enwedig pan oedd y plant yn fychan. Mi ges i lot o bleser, ac mae hynny'n fwy o werth na phres tydi? Toedd 'Nhad yn 'sgota toedd? A finna'n mynd hefo fo. Roedd 'Nhad wedi prynu cwch pedair ar ddeg a hanner o'r enw *Gwylan* gan Dic Pretoria o Sarn. Cwch wedi ei adeiladu'n arbennig i Dic gan John Thomas, Pwllwgwr, Uwchmynydd, oedd y *Gwylan*. Roedd Dic Pretoria'n ddyn mawr, cryf, ac eitha trwm, felly adeiladwyd y *Gwylan* yn gryfach tua'r starn na chychod arferol John Thomas.

'Yli clunia da ganddi,' fyddai o'n 'i ddeud wrth ei hedmygu o'r cefn. Chydig iawn ddefnyddiodd Dic arni cyn iddo gael trawiad neu strôc, a phrynodd 'Nhad y cwch a'r injan Seagull, y ddau bron yn newydd, am ganpunt – lot o bres yr adag honno doedd? Yn ddiweddarach mi brynodd 'Nhad goed a chael John Thomas i wneud cwch bach deuddeg troedfedd i mi. Dwi'n cofio mai tŵls digon cyntefig oedd ganddo fo. Cynion wedi eu gwneud o hen ffeils a ballu. Saer hen ffasiwn oedd o ynte? Doedd o ddim yn saer a sglein ar ei waith o, ond roedd o'n adeiladwr cychod heb ei ail. Mi oedd sôn am ei gychod o toedd? Ac mi ydw i wedi clywed amdano fo'n sôn am fynd allan ar dipyn o dywydd mewn cwch a adeiladodd o'r enw *Marjorie* a bod ei choed yn syth bin, fel y tyfon nhw, pan oedd hi'n dringo'r tonnau, medda fo. Dwi hefyd yn cofio, os nad oedd rhywun ar y llyfrau ganddo fo, y deudai y gwnâi o gwch y byddai o'n boddi hefo fo. Mi oedd ganddo fo ffordd ryfedd o ddeud petha weithia. Pan oedd o acw yn gwneud y cwch deuddeg, 'Nhad yn gofyn iddo ei wneud o'n gryfach yn ei drwyn. Ffraeo mawr wedyn, tŵls yn y fasgiad. 'Dwi'n mynd adra. Gwna fo dy hun,' medda fo. Ar ôl panad o de a ballu mi fydda wedi dod at ei goed ac yn ôl â fo am y cwt wedyn.

Pan aeth fy nhad yn wael a mynd i fethu 'sgota mi ges i'r *Gwylan* – cwch mwy a brafiach – ac mi werthwyd y cwch bach. Mae'r cwch deuddeg yn dal i fynd gan Dic yn y pentra 'ma – cwch bach handi. Mae o'n dal i gwilla efo fo.

Mi oedd John Thomas yn gwybod yn iawn be oedd isio mewn cwch; yn gwneud fframia ac yn gwybod lle i'w gosod nhw i gael siâp gwahanol ar y cwch, yn fy marn i. Fel yr oedd o'n mynd yn hŷn mi fyddai'r ffrâm gynta yn cael ei symud ymhellach yn ôl. Haws i'w wneud o wedyn yn toedd, a llai o waith plygu ar y plancia.

'Sna neb isio cychod pren erbyn hyn nag oes? Trist r'wsut. Mwya c'wilydd i mi ma' siŵr mae'r *Gwylan* wedi ei gadael yn g'wilydd i'w gweld. Mi fydd 'na lawer mwy o waith gwario arni na'i gwerth hi. Bechod, ond dyna ydi hanes llawer ohonyn nhw erbyn heddiw ynte? Mae'n beth rhyfedd i'w ddeud, ond ar ôl bod yn gweithio efo cwch am gymaint o flynyddoedd dwi fel 'tawn i wedi disgyn allan o gariad efo hi, wedi cael difôrs neu rwbath felly. Mae'n bechod ei gweld hi.

Mi ges i drawiad rhyw ugain mlynedd yn ôl. Mi fûm i'n 'sgota am chydig wedyn ond mae deuddeng mlynedd ers i'r *Gwylan* fod allan ddwytha. Dwi ddim yn meddwl y gwela i hi ar y dŵr eto, gwaetha'r modd – llawer o'r teulu'n gwirioni ar 'sgota o'r lan ond yr un ohonyn nhw am gychio.

Mae 'na amryw o gychod John Thomas yn dal i fod yma ac acw. Un peth sydd wedi eu cadw nhw i fynd ydi Rigeta Aberdaron. Mae'n syndod mor dda maen nhw'n hwylio, i feddwl na chawson nhw'u gwneud i fynd dan hwyliau. Mi dalodd 'Nhad ganpunt am gwch ac injan bron yn newydd. Faint fysan nhw erbyn heddiw tybad? 'Sdim rhyfedd na all pobol ifanc fforddio dechra 'sgota, a tha waeth, wnewch chi ddim bywoliaeth efo cwch bychan heddiw. Rwbath am chydig fisoedd y flwyddyn ydi o ynte?

Tydw i ddim yn colli morio yn ormodol ond mi fydda i'n mynd allan efo Dic yn y cwch bach deuddeg weithia. Ond ma' raid deud na fysa dim yn rhoi mwy o bleser i mi, am wn i, na gweld y *Gwylan* ar y dŵr eto.

A dyma finna wedi cael gwybod pam mae'r *Gwylan* wedi eistedd ar ei threlar ar y traeth cyhyd. Mi oeddwn yn ysu i ddeud wrth Robin fy mod wedi clywed sibrydion fod rhywun â diddordeb mewn trwsio ac yna hwylio *Gwylan* yn Rigeta Aberdaron – meddyliais wedyn y byddai'n well cadw'n ddistaw rhag ofn i mi godi ei obeithion ac yna'i siomi – ond ella y bydd y 'clunia cadarn 'na' o fantais dan liain yn y dyfodol. Gobeithiwn y cawn eistedd yn ôl a gwrando am ryw hanner awr arall ar ôl holi'r cwestiwn nesaf: 'Mae'n siŵr i chi weld a chlywed digon o straeon doniol lawr tua'r traeth 'na?'

'Do tad, rhai gweddus ac anweddus,' oedd ei ateb.

'Gawn ni gychwyn efo'r rhai anweddus 'ta?' gofynnais.

Duw annw'l, na chawn, ond mi dria i gofio un neu ddwy o'r lleill. Mi oedd gan fy nhad hen Forris Minor, a'r bodi wedi mynd yn sâl ofnadwy. Mi oedd o wedi mynd mor sâl nes y torrodd 'Nhad y bodi i gyd i ffwrdd o'r sgrîn yn ôl, a phowltio planc ar draws i wneud sêt. Mi fydda'n mynd efo'r Morris i nôl ei frawd yng nghyfraith i fynd allan ar y môr; hwnnw'n cael trafferth cadw'i falans ar y planc, ac ofn syrthio drwy'r shasi ac ar y lôn. Roedd 'na natur ddireidus i 'Nhad ac un diwrnod, pan sylwodd ar yr ofn ar wyneb ei deithiwr, rhoddodd ei droed i lawr a mynd braidd ar y mwya. ' 'Rafa'r cythral 'cofn i ti'n lladd i!' (a geiriau lot cryfach na hynny hefyd) gwaeddodd ei gyfaill. 'Mi stopia i os leci di, a gei di gerddad,' oedd ymateb fy nhad.

Mi fydda 'na lot yn creincia ers talwm yn bydda? Chydig sy'n gwneud hynny rŵan 'te? Dwi'n cofio rhyw hen fachgan, Huw Penllach Bach, wedi mynd i hel crancod; rhoi ei law i

lawr y twll a dyma'r cranc yn gafael yn ei fawd o, a fedra fo
mo'i gael o allan, a'r teid yn dod i fewn. Dyna lle roedd o'n
gweiddi: 'Gollwng d'afael, granc bach, neu mi foddwn ein
dau!' Dwi'n dangos f'oed rŵan wrth ddeud y storis 'ma tydw?

Mi fûm i'n rhwydo chydig ar un adeg, gosod rhwyd
tramal i ddal abwyd ac ati. 'Sna'm lle da iawn am bysgod yn
fa'ma – ma' angan afon go lew yn agos i gael pysgod gwerth
chydig o bres.

Rhoddodd Robin chwerthiniad direidus.

''Sgin i ddim syniad am be 'dach chi'n sôn,' meddwn
innau gyda'r un math o chwerthiniad. Dyn difyr, dyn môr
ac yn fôr o hanesion a straeon.

'Paid â bod yn ddiarth!' gwaeddodd fel yr oeddwn yn
gadael. 'Paid â phasio, cofia stopio am banad sydyn pan
'ti ar hyd y lle 'ma.' Mi wna i hynny, yn sicr, ond mi wn i
rŵan na fydd hi byth yn banad sydyn.

Dic Talafon

Uwchben traeth Porth
Ysgaden y cefais i sgwrs
hefo Dic Talafon, er mai ar
draws y cae ym Mhorth
Cychod mae ei gwch yn cael
ei gadw.

Mi oeddwn i'n ddeunaw oed
pan ges i gwch gynta, a dim ond
rhyw hanner dwsin o gewyll oedd gen i. Mi
oeddwn wrth fy modd yn 'sgota efo gwialen oddi ar y graig
cyn i mi gael cwch ond mi oedd fy nhad isio rhoi chydig o
gewyll i lawr am ei fod o'n lecio rhyw grancod a ballu yn
ofnadwy. Ac felly y dechreuon ni. Mi oedd o'n mynd i waed
rhywun wedyn toedd? Mi ydw i wedi dysgu wrth stydio sut
oedd yr hogia eraill yn gwneud – eu taflu nhw'n rwla rwla

oeddwn i'n wneud nes y dois i i ddallt bod isio chwilota am y llefydd iawn yma ynde? Cwch Aberdaron deuddeg troedfedd sy' gen i – na, mae o'n ddeuddeg troedfedd a thair modfedd. Mae'r tair modfedd 'na'n bwysig iawn.

Roedd yr un wên ddireidus ar ei wyneb ag a welais gan Robin yn gynharach. Dechreuodd ddisgrifio'i gwch.

John Thomas adeiladodd hi ryw dro'n y pedwar degau i Robin Refail, neu Robin Sgoldy fel mae'r rhan fwya yn ei nabod. Pan roddodd tad Robin y gorau iddi mi gymerodd o *Gwylan* drosodd ac mi brynais inna hon. Rhan amsar ydw i'n 'sgota er bod gen i'r leisans 'ma a ballu. Saer coed ydw i wrth fy ngwaith bob dydd a rhyw 'sgota chydig i gael mwy o bres yn fy mhocad felly ynde.

Er ei fod yn saer go brin yr aiff o ati i adeiladu cwch, medda fo, gan ei fod yn ddigon hapus efo'r un sydd ganddo. Mi benderfynais ofyn iddo pwy mae o'n ei gofio'n 'sgota yma.

Wel, pan o'n i yn yr ysgol, Richard Williams, Sgoldy, Bryncroes, a Richard Williams, Wenallt, dwi'n 'u cofio yma. Rhyfadd 'de, y ddau yr un enw. Dwi'm yn siŵr oedd Elis, brawd Richard Williams Sgoldy, wrthi hefo fo. Wedyn mi ddaeth Robin a Sam, ac mi fu Ifan Wyn wrthi, ac Eurwyn wrth gwrs. Mi fûm i wrthi hefo'r pedwar yna ond y ddau Richard Williams dwi'n eu cofio gynta. Mi oedd 'rhen Eurwyn yn dipyn o gymeriad toedd? Dwi'n eu cofio nhw'n gwneud rhyw ffilm yma – maen nhw wedi bod yn ffilmio'n reit aml yma – a rhyw ddyn yn trio cael signal ar ei fobeil ffôn, rheini ond newydd ddod allan. Mi oeddan nhw wedi rhoi mast ar ben Rhiw ar gyfer yr Orenj, ynde. Eurwyn yn mynnu mynd at y dyn i siarad a hwnnw'n deud wrtho ei fod yn cael trafferth cael signal. 'Duw annw'l, maen nhw wedi rhoi mast newydd ar ben Rhiw, un Lemon 'chan,' medda Eurwyn wrtho fo. Ond dyna fo, dwi yma fy hun yn 'sgota rŵan. Pleser ydi o fwya am wn i, pleser sydd wedi mynd i waed rhywun a'i gwneud hi'n anodd iawn i roi'r gorau iddi. Ond mi a' i, tra medra i. 'Sdim llawar o broffit ynddi, dim hefo cyn lleied â deugain o gewyll beth bynnag.

Mae 'na le reit handi ym Mhorth Cychod 'na. Winsh ar yr allt efo injan arni sy' gin i i halio'r cwch. 'Sgin i ddim arwyddion tywydd fel llawer o 'sgotwyr. Mi ddo' i lawr i ben yr allt 'na, i weld, ac os bydd hi'n rhy hegar 'da i ddim allan, yn enwedig mewn cwch bach deuddeg troedfedd, nag af?

Mae 'na enwau digon diddorol ar lefydd hyd y lle 'ma – mae Penrhyn Crydd yn ymyl Tywyn, Llety'r Eichion – mae hwnnw rhwng Porth Cychod a Phorth Sglaig. Mae Penrhyn Copor yn ymyl Porth Cychod, wedyn mae'r Llyw. Mae 'na dwll cranc reit dda yn y Llyw ond bod angen trai go lew i fynd ato fo. Rownd wedyn i Pwll Du cyn cyrraedd Porth 'Sgadan 'ma. Mae 'na lot o rai draw i gyfeiriad Porth Colmon hefyd; llefydd fel Ogo' Deg ac Ogo' Forlo. Yn ymyl Porth Gwylan mae 'na fae'n wynebu Porth Colmon. Y Lagŵn fyddai'r hen Dwm, Porth Gwylan, yn galw'r bae bach hwnnw. Ia, Lagŵn.

Yli, dwi isio mynd â rhywfaint o gewyll allan, dwi wedi ei gadael hi braidd yn hwyr. Mi gadewa i nhw ar y graig yn fa'ma a dod â'r cwch rownd i'w nôl nhw, ac mi ga i godi'r rhai sydd allan yn barod hefyd.

Ac i ffwrdd â fo ar draws y cae am Borth Cychod gan wthio berfa yn cynnwys rhyw beiriant rhydlyd o'i flaen. Mi oeddwn i'n teimlo braidd yn euog erbyn hynny am fynd â gormod o'i amser o. Wedi'r cwbwl, mi oedd o wedi gwneud diwrnod o waith yn barod.

Daliais i fyny hefo fo fel yr oedd o'n gollwng y rhaff, ac yna rhedeg ochr yn ochr â'r cwch i lawr y traeth tua'r môr. O fewn eiliadau roedd *Y Wendon*, rhif CO257 yn nofio a Dic yn ceisio crafangio i mewn iddi. Golygfeydd fel hyn dwi'n eu cofio ar bron bob traeth ar y penrhyn pan oeddwn yn blentyn. Sylwais mai'r unig beth gwahanol oedd bod yr hen injan Seagull wedi gorfod gwneud lle i beiriant mwy modern.

Gwnai'r cwch bychan iddo edrych yn gawr o ddyn. Roedd yn amlwg mai sefyll ac nid eistedd oedd arferiad Dic wrth lywio'r Wendon. Roedd ganddo ddarn o bren fel tamaid o goes brwsh i greu estyniad i fraich yr injan, a wnâi'r gwaith o lywio'r cwch tra oedd o ar ei draed yn llawer hwylusach. Roedd un pen i'r pren yn amlwg yn sownd yn y peiriant a'r pen arall yn ymddangos fel petai'n diflannu i fan na welodd haul erioed fel y llywiai Dic y cwch, heb ddefnyddio'i ddwylo, o'r golwg rownd y trwyn.

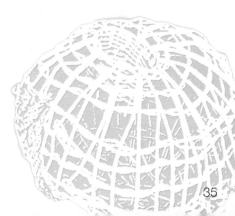

Porth Colmon

Mi fyddwn i wastad yn ystyried Porth Colmon yn lle clyfar i gadw cwch – mae lôn bost i lawr bron at y dŵr. Lle rhy glyfar a hwylus i geir ymweld ag o erbyn heddiw, ella. Byddai nifer o gychod yn arfer cael eu cadw yma. Ar fy ymweliad diwetha doedd yna 'run. Dim un yn cael ei gadw yn y Borth beth bynnag, ond mae tri neu bedwar o fechgyn lleol yn cadw rhai ar fferm gyfagos.

Cefais sawl sgwrs yma ers talwm gyda Lloyd, Siop Rhos, a'i wraig Dorothy cyn neu ar ôl iddynt fod allan yn codi cewyll. Mae John Pierce yn un arall dwi'n ei gofio yn 'sgota yma – cwch clincar tua pedair troedfedd ar ddeg wedi ei adeiladu gan John Thomas oedd ganddo fo. Mi driais i bob sut i'w gael o i werthu'r cwch i mi ar ddechrau'r wyth degau. Roedd cychod Aberdaron fel aur ar y pryd – y Rigeta yn y bae yn ei hanterth a phawb am addasu'r hen gychod 'sgota i fynd dan injan glwt. Methu taro bargen wnaethon ni, ac ym Mhorth Colmon y bu'r *Cadi* am flynyddoedd wedyn. Prynwyd hi yn y diwedd gan un o hogia Tudweiliog a bu'n ei hwylio yn llwyddiannus iawn. Bellach mae'n eiddo i Gymdeithas Hwylio Hogia Llŷn – rhoddwyd hi'n rhodd i'r Gymdeithas gan ei pherchnogion diweddaraf. Un cwch sy'n 'sgota'n llawn amser allan o Borth Colmon bellach.

Newydd wawrio oedd hi, neu felly yr oedd hi'n teimlo, a finna'n eistedd yn y car ym Mhorth Colmon yn disgwyl am Sion Williams. Edrychwn ymlaen yn eiddgar at gael treulio'r dydd yn codi cewyll ar ddarn o fôr oedd yn eitha cyfarwydd i mi, yn ogystal â bysnesu a holi ychydig ar Sion am ei ffordd o fyw. Cyn hir cyrhaeddodd Sion hefo'i gwch y tu ôl i dractor, gan ei fod yn cael ei gadw ar fferm rhyw hanner canllath i ffwrdd. Agoriad cul iawn sydd yna i gyrraedd y môr ym Mhorth Colmon ac edrychai'r dasg o fagio cwch mor fawr drwyddo bron yn amhosib. O fewn dim roedd y cwch yn nofio a minnau wedi fy ngwahodd ar ei fwrdd. Roedd y weithred o fagio'r cwch i'r dŵr wedi ei pherffeithio – ond petai'r cwch fodfedd yn hirach neu letach dwi'n siŵr y byddai'r weithred yn amhosibl. Yn ddyn o gwmpas y deugain oed 'ma, mae'n siŵr fod Sion yn un o'r rhai ieuengaf, os nad yr ieuengaf, i 'sgota'n llawn amser yn yr ardal.

Sion Williams

Mi ddechreuais i 'sgota yn dair ar ddeg oed. Prynu cwch gan Neville, Rhyngddwyborth, a chael gafael ar injan, a chael rhyw chwech o gewyll gan Lloyd, Siop Rhos, a Huw Glandaron; a dechra 'sgota yn

ystod gwyliau'r haf. Mi ydw i wedi mynd erbyn hyn o naw neu ddeg o gewyll i chwe chant a hanner. Dwi wrth fy modd ar y job – yr unig job dwi wedi ei gwneud dwi'n ei mwynhau. Dwi'n edrych ymlaen at godi yn y bore i fynd i weithio. Mae rhywun yn cael llond bol weithia, pan fydd y tywydd yn wael neu'r dal yn sâl, ond ar ôl rhyw ddau neu dri diwrnod ar y lan mae rhywun yn ysu i fynd allan i godi'r gêr. Taswn i'n cael dewis unrhyw job yn y byd 'ma, 'sgota fyswn i'n wneud.

Mi fyddwn i'n morio lot efo 'Nhad a Robin, fy ewythr, ers talwm. Dwi'n cofio mynd rownd cewyll efo Robin. Yr unig orchymyn ges i oedd 'ista'n fan'na, paid â twtshiad dim a cau dy geg' ac felly y bu hi; yn ffrynt y cwch yn mynd rownd cewyll ac wrth fy modd. Pan oeddwn i'n fychan ac yn cael mynd i lan y môr ers talwm mi fyddwn i'n mynd i'r pyllau i chwilio am granc neu 'sgodyn i'w ddal – rhyw hen ysfa hela yn'a i. Mi oedd ganddon ni lot mwy o ryddid pan oeddan ni'n blant. Mae plant heddiw'n lot mwy caeth. Mi fyddan ni'n mynd allan o'r tŷ ben bora a ffwrdd â ni drwy'r dydd. Mae 'na lot mwy o *Health and Safety* a phetha fel'na heddiw. Mi fyddwn i a 'mrawd yn mynd allan o Borth Colmon 'ma mewn cychod rhwyfo 'de, heb leiff jacets na chythral o ddim, dim ond ffwrdd â ni a dyna fo. Fysa llawer o rieni ddim yn gadael i'w plant fynd i gwch mewn canolfan hamdden heb sôn am ar y môr erbyn heddiw dwi'm yn meddwl.

Mi oeddwn i wrth fy modd yn dod i lawr i Borth Colmon 'ma efo beic i greincia ers talwm hefyd – treulio oriau yn chwilio am dyllau a ballu. Pan oedd 'na sbring go lew mi fydda Sion Cruga Bach yn dod i lawr ac yn dod rownd hefo fi. Ar ôl iddo fo ddechra mynd i oed a methu mynd cweit mor sionc mi ddangosodd i mi lle roedd y tyllau. Mi welis i gael rhwng ugain a deg ar hugain o grancod mewn un teid.

Mi fyddwn i'n gwneud lot efo Lloyd Siop Rhos a Dorothy, y ddau'n pysgota o Borth Colmon. Mi fydda hi'n drefn bob nos Sul i mi bicio i dŷ Lloyd am sgwrs, ac yn aml iawn mi fyddai Owi Cae Hic a'i wraig yno hefyd. Ro'n i wrth fy modd yno yn gwrando a holi. Trio dysgu am gewyll ac abwyd, ac os oedd ganddyn nhw ryw batant neu ddyfais arbennig yn y cewyll. Dwi'n cofio mynd i weld Owi yn gwneud cewyll gwiail, tua dechrau'r naw degau oedd hi.

Mi es i i'r coleg ar ôl gadael yr ysgol – roedd yn rhaid i mi fynd gan fod Mam yn athrawes. Y dîl oedd: taswn i'n cael fy addysg mi gawn wneud beth bynnag o'n i isio wedyn ynde. Mi fûm i'n hydrolegydd am gyfnod yng ngogledd Cymru a Lloegr. Doedd fy nghalon i ddim yn y job a deud y gwir, ac roeddwn i'n dal i 'sgota gyda'r nosau a phenwythnosau. Penderfynais un diwrnod 'mod i wedi cael digon ar hynny, ac mai pysgota oeddwn i isio'i wneud, a dyna wnes i. Mi oedd gen i job go lew ac mi oedd yn dipyn o gam pan es i i 'sgota'n llawn amser yn 2003. Roedd llawer o bobol yn reit ryw negyddol, ac yn gofyn 'be ti'n wneud yn rhoi'r gora i job dda?' Ond mi o'n i wedi 'sgota erioed, mewn ffordd, ac yn reit siŵr o 'mhetha. Dwi ddim yn dyfaru 'de. Mae o'n un o'r penderfyniadau gorau wnes i, achos dwi wedi cael llawer o bleser ac mi ydw i'n mwynhau fy hun 'de. Mae lot i'w ddeud dros godi'n y bore ac edrych ymlaen i fynd i weithio. Mae rwbath yn wahanol bob dydd.

Mi fuon ni'n ddigon lwcus i ddechra mewn rhyw oes wahanol. 'Dan ni'n dal i gofio'r hen bobol wrthi, a chlywed straeon oedd yn ennyn diddordeb.

Reit, mi ydan ni am adael Porth Colmon rŵan a phasio dwy garreg fawr wen. Cerrig Defaid ydi'r rheini, wedyn trwy deid Porth Colmon a lawr heibio Porth Lydan, wedyn Ffosnant. Mae ganddoch chi Drwyn Cam, wedyn Stolion. Rhyw glapiau o gerrig chydig bach allan ydi'r rheini – digon perig os nag ydach chi'n siŵr ohonyn nhw – wedyn mae Porth Wern Fach, Garreg Goch, Porth Tŷ Llwyd a Phorth Tŷ Mawr. Fa'ma aeth y *Stewart* i lawr – Porth Wisgi mae llawer yn ei alw fo. Wedyn Trefgraig Bach a Thrwyn Witlin ac ymlaen i le o'r enw'r Sgêrs, neu dyna fydda i yn ei alw fo. Mae o'n medru bod yn lle digon hegar. Ogof Gloman wedyn a Rhyngddwyborth a Porth Ferin. Lawr o Borth Ferin mae'r Trams a Thrwyn Penrhyn ac mi ydach chi rownd wedyn i Borth Iago a Thrwyn

Glas. Wedyn Porthoer; lawr o fan'no i'r Dinasoedd a Phorth Orion, Trwyn Anelog, Porth Llanllawen ac mi ydach chi i lawr wedyn yn Nhrwyn Braich a'r Swnt.

Dechra efo cwch siâp traddodiadol wnes i, wedyn cael Dory gyflym i fynd rownd y gêr yn gyflymach. Roedd honno'n gallu gwneud rhyw 30 not. Mi wnes i gario 'mlaen am dair blynedd hefo honno ar ôl i mi fynd yn llawn amser, roddodd amser i mi gynyddu nifer y cewyll yn ara deg. Wedyn, yn 2007, mi ofynnais i Colin Evans, Uwchmynydd, adeiladu cwch i mi. Ers hynny, mae'r Catamaran chwe medr 'ma gen i.

Hen gwch Gwilym Roberts, Garreg Fawr oedd y Dory. Mi oedd wedi bod gan Gwilym er 1979 ac wedi ei wasanaethu'n dda iawn, ac mi wnaeth yr un peth i minna. Roedd bechod gen i ei newid hi – mi oedd yn gwchyn clyfar iawn – ond doedd hi ddim cweit digon mawr a finna isio mynd allan ymhellach a 'sgota rownd y flwyddyn. Mi oeddwn i'n gweld fy hun yn ei phwsho hi i'r pen braidd. Ar y Ddyfrdwy yn 'sgota lledod mae hi rŵan.

Pysgota am grancod a chimychiaid ydw i, ond 'leni dwi wedi dechra ar y welcs hefyd, a rhyw fymryn o rwydo weithia. 'Dach chi'n gorfod gweithio yn llawer c'letach ar y welcs – mae hi'n job llawer trymach a mwdlyd iawn. Does 'na'm amser i orffwys rhwng *strings* chwaith, ond mae'n rwbath gwahanol.

Roedd tymor y cimychiaid yn hwyr iawn yn dechra 'leni. Lot o wynt gogledd ac yn dal yn sâl. 'Dach chi'n cael blynyddoedd sâl bob yn hyn a hyn, felly dyma drio'r welcs. Mi o'n i wedi gweld bod 'na rai o gwmpas. Mae o'n help i mi'n ariannol ac yn rhoi llai o bwys ar stoc y cranc a'r cimwch.

Mi oedd gan yr hen bobol arwyddion tywydd a ballu toedd? Os ydi llefydd i'w gweld yn agos mae hi am fwrw glaw, neu mi altrith hi i ddal os daw'r rhedyn allan yr un siâp â chynffon cimwch. Pe gwelen nhw flew geifr yn yr awyr roedden nhw'n grediniol ei bod am chwythu. Mae rhywun wedi anghofio lot ohonyn nhw erbyn heddiw, ond roedd yr hen 'sgotwrs yn gorfod dibynnu arnyn nhw. Mi fyddai technoleg heddiw yn dychryn y rhai oedd wrthi pan oeddwn i'n dechra hyd yn oed. Lwc oedd hi ers talwm ond erbyn heddiw 'dan ni'n gwybod yn union be sydd ar waelod y môr, 'de, sy'n gwneud bywyd y cimwch a'r cranc yn dipyn anoddach 'swn i'n meddwl.

Mae'r cewyll wedi altro hefyd dydyn? 'Dach chi'n gallu 'sgota tywydd mwy garw rŵan felly mae'r tymor yn hirach. Roedd rhywun yn gorfod rhoi'r gorau iddi adeg Diolchgarwch ers talwm achos mi fyddai'r tywydd yn troi yn rhy arw ac yn malu'r gêr wedyn. Roedd pawb â'i batsh adag hynny toedd, a llai o gêr. Cychod bach yn cael eu tynnu i fyny mewn cilfachau bach yr holl ffordd o Borthdinllaen reit rownd i Aberdaron ac ymhellach, am wn i. Mae'n anodd dechra hefo chydig o gêr fel y gwnes i erbyn heddiw. I rywun ifanc fedru dechra efo cwchyn bach 'de, 'dach chi'n sôn am ugain mil o leia, dyna sy'n bechod 'de? 'Dan ni ddim yn gweld y bobol ifanc yn dod i mewn i'r job. Y gost fwya ers talwm oedd y cwch, ond mae angen nifer go lew o gewyll a chwch modern yn ogystal â'r drwydded – ac mae hynna'n costio lot o bres erbyn heddiw.

Pan o'n i'n dechra, tua '87 ffor'na, gwneud cewyll fy hun o'n i. Weldio a ballu 'de. Rhyw bump i chwe phunt gostiai cawell – mae'n hanner canpunt a mwy erbyn hyn – ond mae pris cimwch rwbath tebyg felly rhaid 'sgota mwy o gêr i wneud arian. Mae 'na fywoliaeth da i'w wneud os ydi rhywun yn fodlon gweithio'n galed. Mae o'n fywyd braf – dim at ddant pawb; mi ydach chi'n cael eich clymu lot. 'Di hi ddim yn job naw tan bump o ddydd Llun i ddydd Gwener, ac mae'n rhaid rhoi'r oriau i fewn i wneud cyflog. Mae pawb wedi arfer cael eu cyflog rheolaidd bob mis, a'u pensiynau ac ati, erbyn heddiw... does neb isio'r oriau hir. Ond ma' hi'n job braf, cael bod yn fos arnoch chi eich hun. Mae 'na lot i'w ddeud dros hynny 'de. Mi fydda Pen Llŷn yn dlotach lle o lawer heb y diwydiant pysgota. 'Dan ni'n gweld mor bwysig ydi o yma achos 'dan ni i gyd yn Gymraeg 'de, sy'n beth unigryw dwi'n meddwl. Dwi'n gobeithio y bydd 'na rai ar f'ôl i i gario 'mlaen efo'r traddodiad a chael y pleser dwi'n 'i gael o'r job. Wna i ddim byd arall. Mae tynfa'r job yn ormod. Ar ddiwrnod braf yn y gwanwyn mi fyddwn i'n sbio drwy'r ffenast ac isio mynd ar y môr. Mwyniant y gwaith ydi o yn fwy na'r arian i 'sgotwyr Pen Llŷn. Mae hi'r job orau yn y byd – 'sa'n amhosib i mi wneud unrhyw job arall.

Allan yn ffilmio oeddwn i i fod. Gosod y camera a gwrando wnes i fwya, ac roedd pob gair a ddywedodd Sion yn werth gwrando arno. Finna'n meddwl 'mod i'n nabod y rhan yma o'r arfordir fel cefn fy llaw – mae'n rhaid i mi gyfadda i mi ddysgu rhai enwau llefydd o'r newydd. Ia, gwrando a mwynhau'r golygfeydd. Yr un golygfeydd ag a welais gannoedd o weithiau o'r blaen, yn creu atgofion. Pasio Porth Llanllawen a chofio fel y byddwn i'n mynd allan oddi yno i godi cewyll efo f'ewyrth pan oeddwn yn blentyn. Pasio Porth Ferin. Tydi amser yn hedfan? Anodd credu bod dros ddeng mlynedd ar hugain ers pan oeddwn i'n 'sgota'r cimwch allan o'r porth bach yma.

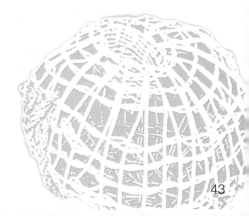

Porth Ferin

Mae Porth Ferin yn draeth bach tawel nad ydi'r ymwelwyr wedi dod ar ei draws eto, yn wahanol iawn i Borth Iago yr ochor arall i Drwyn Penrhyn. Mi fues i fy hun yn rhyw drio cwilla rhyw fymryn oddi yma yn nechrau'r wyth degau – profiad amhrisiadwy oedd treulio amser yng nghwmni Owen Jones, neu Owi Cae Hic fel mae pawb yn ei adnabod, gŵr a dreuliodd oes yn 'sgota ac yn gweithio ar ei dyddyn cyfagos. Pe gofynnech i unrhyw un ym mherfeddion Llŷn pwy o'r hen 'sgotwrs maen nhw'n eu cofio, Owi Cae Hic ydi un o'r enwau cyntaf a glywch bob tro.

Ia, lle bach digon tawel oedd Porth Ferin ar y pryd, a dim ond pedwar neu bump o gychod yn cael eu cadw yno – pawb â'i winsh i halio'u cychod i fyny'r traeth a chwt ar ganol allt y môr lle roedd yr injans yn cael eu cadw. Yn anffodus mae'n dawelach hyd yn oed erbyn heddiw.

Mae bwthyn Pen Borth uwchben y traeth, a thrwy garedigrwydd Mrs Evans y cefais i, a phawb arall am wn i, ganiatâd i gadw cwch yno. Gwraig weddw yn mynd i oed oedd Mrs Evans ar y pryd, ond yn dal yn ddigon heini i ddyddyna. Dailiai i odro un neu ddwy o wartheg gyda llaw yn yr hen feudy traddodiadol oedd yn sownd yn y tŷ. Rhaid oedd caniatáu chwarter awr ychwanegol i fynd i Borth Ferin bob amser gan y byddai'n rhaid aros am sgwrs hefo Mrs Evans.

Doeddwn i ddim wedi bod yno ers deng mlynedd ar hugain ac yn edrych ymlaen i ymweld yng nghwmni Gwilym Roberts, Garreg Fawr, gobeithiwn. Piciais i Garreg Fawr i weld Gwilym a gofyn, 'fysach chi'n lecio dod i Borth Ferin am dro pnawn 'ma?'

'Baswn. Mae'n llawer gwell syniad na phlannu deg acar o datws,' oedd yr ateb. Pasio Cae Hic ar y ffordd yno – y tro cynta, ella, i'r ddau ohonon ni basio heb stopio. Cerdded heibio Pen Borth – mae Mrs Evans, wrth gwrs, wedi ein gadael ni a does bellach ddim ôl fod neb yn byw yn y tyddyn. Mae'r llwybr i lawr i'r Borth wedi tyfu'n wyllt.

Mi gyrhaeddon ni'r traeth. Safai tair neu bedair winsh rydlyd ar yr allt, yn amlwg heb weld defnydd ers blynyddoedd lawer. Roedd y cwt injans yn dal i sefyll, ond hefo'i ddrws yn hongian yn agored. Dim cychod, a dim arwydd i un fod yno ers rhai blynyddoedd. Edrych ar ein gilydd heb ddweud dim wnaeth y ddau ohonom, yn hiraethu am yr hen ddyddiau. Roedd Gwilym wedi hen adael Porth Ferin am borfeydd brasach cyn i mi ddod yma.

'Reit ta, 'dach chi'n barod i ddechra recordio?' gofynnais. Ffendiodd y stwmp rôl-iôr-ôn ei le yn gyfforddus yng nghornel ei geg a phwysais fotwm coch y camera. Dechreuodd Gwilym siarad cyn i mi ofyn yr un cwestiwn iddo fo.

Gwilym Roberts

Ia, yma ym Mhorth Ferin ges i 'mhrentisiaeth, ymhell bell yn ôl. 1952-53 oedd hi dwi'n meddwl – dwi'n mynd yn rhy hen i gofio 'achan. Dim un cwch yma rŵan. Roedd amryw wrthi yma ers talwm, gyda'r nos yn 'sgota mecryll a ballu 'te. Ma' hi 'run fath ym mhob man. Mae 'na lai o lawer wrthi. Ma' siŵr mai llai fydd 'na hefyd yn ôl pob golwg.

Efo Owi Cae Hic o'n i'n fa'ma... 'rhen Owi wedi marw ers blynyddoedd bellach. Fo ddysgodd fi sut i handlo cwch, pryd i beidio mynd allan a phryd i ddod i'r lan. Mae hynny wedi aros efo fi ar hyd fy oes. Mae'n ddigon hawdd mynd allan – dod yn ôl ydi'r job. Mae angen cadw llygad ar y tywydd a gwybod be mae o am wneud. Ma' isio gwneud y sym, be mae'r tywydd yn debygol o wneud, cyn cychwyn allan yn toes? Neu felly ces i fy nysgu beth bynnag.

Roedd Porth Ferin yn lle braf 'achan... oedd. Ond yn medru bod yn hegar os oedd y gwynt yn y gogledd a rhyw hen swel yno. Os oedd hi'n ffit i ti fynd allan mi oedd hi'n iawn ym Mhorth Ferin 'ma, ond os nag oedd hi'n braf ym

Mhorth Ferin, doedd hi ddim ffit i ti fynd allan. Mi oedd hi mor simpil â hynny yn fa'ma 'achan. Ma' hi 'run fath mewn lot o lefydd. Rhaid i ti fod yn gwybod be ti'n wneud neu mi fyddi mewn trybini. Rhaid i ti dendio yma efo gwynt gogledd – mi ges i 'nal ryw dro.

Efo'n gilydd oedd Owi a fi wrthi i ddechra, ond y diwrnod hwnnw mi o'n i'n teimlo'n dipyn o foi ac wedi mynd i lawr yn rhy bell ar ben fy hun. Toedd y fforcast ddim yn dda ond mi es i lawr i'r Swnt. Duw, mi oedd hi'n braf tan i mi ddod rownd Trwyn Braich yn ôl i ochor y gogledd. Mi o'n i'n dyfaru wedyn 'mod i wedi dal arni cyn hirad cyn troi yn ôl. Dwi'n cofio'n iawn gorfod 'sbydu efo un llaw a dal yr injan efo'r llall. Pan oeddwn i o dan Fynydd Anelog dyma'r gwynt yn darfod 'achan, ac mi fedris ddod adra i Borth Ferin 'ma. Ma' siŵr y dysgis i rwbath y diwrnod hwnnw.

Yr *Orion* oedd y cwch cynta ges i; cwch pedair ar ddeg a hannar. John Thomas wedi'i gwneud hi yn 1947 i Sion Brent o Aberdaron. Mi farwodd yr hen fachgan ac mi ddoth y cwch ar werth ac mi fues i yn ddigon lwcus i'w phrynu hi, a'r injan Seagull, am hannar canpunt. Mi fuodd honno gen i wedyn tan tua 1980 ma' siŵr. Cwch hwylio ydi hi rŵan gan un o hogia Aberdaron 'ma.

Winsh oedd ganddon ni yma i halio'r cwch; ei throi hi efo llaw pan o'n i yma. Mi gawson nhw injan arni wedyn ond bôn braich oedd ganddon ni. Troi nes oeddat ti'n chwys diferyd. Mi chws'is i dipyn efo'r winsh 'na. Mae o'n beth rhyfadd, 'achan, dechra'r *season*, cario cimychiaid ar dy gefn i fyny'r allt môr 'ma. Wannw'l, mi oeddan nhw'n drwm, ond ar ôl rhyw wsnos, bythefnos, doeddan nhw ddim hannar mor drwm erbyn hynny. 'Dwn i'm byd pam. Ond isio mwy oeddan ni, 'run fath yn union.

Mi ges i gwch ffeibrglas wedyn – roedd yr oes yn newid a phawb isio sbîd. Rhyw bump not oedd yr hen *Orion* yn 'i wneud ar ei gora, efo'r injan Seagull y tu ôl iddi, ond wedi cael cwch newydd efo injan Sefnti mi wel'is i dipyn o wahaniaeth yn sbîd y ddau. To'n i ddim gwell allan chwaith.

Ia, Owi prentisiodd fi yn y môr. Fo ddysgodd y cwbwl i mi. Mi oedd Owi yn ddarn o'r môr toedd? Neu'r môr yn ddarn o Owi. Mi fedra fo hwylio a handlo cwch ac mi oedd yn gwybod pryd i fynd allan a phryd i beidio. Mi fyddan ni'n mynd ochor yn ochor ar hyd y môr 'na, yn cael ras a ballu. Mi fydda'n medru 'ngwneud i bob tro. Toedd o'n gwybod am y teidia'n well na fi yn toedd? Mi fuon ni'n 'sgota efo'n gilydd am flynyddoedd lawer; wel, o 1952 tan 1972. Tydi amsar yn mynd, yn tydi?

Dwi'n cofio, yn gynnar wedi i mi ddechra yma efo Owi, mi oeddan ni'n taflu'r cimychiaid bach dan seis yn ôl yn ymyl y cewyll cadw. Un diwrnod mi oedd yna ryw hen fachgan ar y trwyn yn sbio arnan ni. Erbyn dod i ddallt, Fisheries Officer o'r Lancashire and Western oedd o. Mr Fish, o bob dim, oedd ei enw fo. Mi ddaeth o aton ni ar y lan a gofyn pan na fasan ni'n 'u marcio nhw cyn 'u gollwng nhw – ac mi ddaru ni 'achan. Y peth rhyfedd oedd, doedd 'na ddim un ohonyn nhw'n mynd i lawr am y de ond mi oeddan nhw'n mynd i'r gogledd. Mi oeddan nhw'n 'u dal nhw wedyn ym Mhorth Colmon ac i fyny ym Mhorth Sgadan. Mi fydda'r hen Dic Sgoldy'n deud, 'cimwch wedi i ti 'i ddal ydi hwn, yli' neu 'cimwch yr hen Owi ydi hwn'. Gweld marc arno fo 'te?

Mi fyddwn yn ôl ac ymlaen yng Nghae Hic efo Owi o hyd; mi fyddan ni'n gweld ein gilydd sawl gwaith mewn wsnos, hyd yn oed yn y gaeaf. Gwneud cewyll efo'n gilydd a ballu. Dwi'n cofio fel y byddan ni'n tynnu rhwyd ers talwm...

Bu'n rhaid i ni gael rhyw doriad bach yn y sgwrs yn y fan yma gan i Gwilym gael pwl o besychu. Aeth y stwmp o'r geg i'r llaw. Ymhen rhyw ddau funud arafodd y peswch ac ar ôl ffendio lle cyfforddus i'r stwmp yn ôl yng nghornel ei geg, ymlaen â fo.

... Hen rwyd goton fawr drom 'achan. Doedd hi ddim yn bad pan oedd hi'n sych, mi oeddat ti'n medru 'i chario hi ar dy gefn yn reit handi, ond wedi iddi wlychu mi oedd hi'n drwm go iawn 'de. Mi oeddan ni wedi bod yn tynnu tua Porth

Sgadan 'na ryw dro, a phawb yn tuchan, yn trio cario'r hen beth 'ma i fyny. Dyma'r hen Hywel Pen 'Rorsedd yn deud, 'Duw, garia i'r rhwyd i fyny i chi,' a dyna godi'r rhwyd ar gefn 'rhen Hywel. Dyn bychan, llydan, cryf oedd Hywel, a wyddost ti, mi cariodd o hi bob cam o'r traeth i'r lôn, a 'rhen Guto Pencae yn deud, 'gad iddo fo – nogio neith bob mul yn diwadd.' Ond wnaeth 'rhen Hywel ddim.

Mi fydda Owi a fi yn mynd i chwara snwcer gyda'r nos. Fydda i byth yn mynd rŵan. Yr hen griw wedi mynd a phetha'n dod i dy feddwl di, fel tasat ti'n chwilio amdanyn nhw rwsut, a nhw'tha ddim yna 'de. Peth rhyfadd 'achan. Ew annw'l, mi oedd Owi'n hen ffleiar 'sti. Os byddwn i'n 'i guro fo mi fydda'n plygu 'i giw ar ochor y bwrdd. Mi fydda'n plygu'r blwmin thing 'sti, a finna ofn am 'y mywyd 'i weld o'n torri. Pan fydda fo'n gwneud hynny mi trecha fi bob tro ac mi chwertha'n braf ar ôl gwneud.

Mi fydda'n mynd o'i go' am ei fod yn gorfod gwisgo leiff jacet yn Rigeta Aberdaron. Dyna oedd y rheol ac roedd yn rhaid gwneud. Dwi'n cofio mynd i nôl cewyll cadw ym Mhorth Ferin 'ma a hitha braidd yn hegar. Finna'n tynnu 'i goes o. 'Awn ni i nôl leiff jacet,' medda fi. 'Mi fyddwn ni'n iawn wedyn.' Wannw'l, dyma fo'n tynnu'i gap yn ôl. 'Be s'an't ti'r diawl gwirion,' medda fo, 'wyt ti'n meddwl y byswn i'n mynd allan i fôr na fedar y cwch mo'i ddal o, leiff jacet neu beidio?' Dwi'm yn meddwl i mi wisgo leiff jacet tra bûm i ar y môr 'achan. W'rach y bysa'n well i mi wneud erbyn rŵan. Ond tasa dy gwch di'n mynd i lawr ar y creigia 'na yn y Swnt, fysa waeth i ti heb na'r leiff jacet. Fasa fo ond yn postponio'r inefitabl, 'achan.

Rhyw dri deg dau o gewyll oedd gen i'r tymor cynta, ac Owi rwbath tebyg. Erbyn y tymor wedyn mi o'n i wedi gwneud chydig mwy. Ma' siŵr ein bod ni'n gwneud rhyw ddeg ar hugian o gewyll newydd bob blwyddyn. Yr hen Huw Tŷ Fry ddaru fy nysgu i i wneud cewyll. Anghofia i byth drio tendio sut oedd Huw yn twistio'r cêns a ballu, yr hen gêns rheini tua deuddeg troedfedd ma' siŵr. Rhwng tendio Huw a trio gweld be oedd o'n wneud a dycio i osgoi'r cêns wrth iddo fo'u swingio nhw mi faswn i wedi gwneud bocsar da iawn yr adag hynny dwi'n siŵr!

Rhyw wyth deg o gewyll fu gen i fwya, pan o'n i'n 'u codi nhw efo 'nwylo. Roedd y rhaffa'n llithrig, yn malu dwylo rhywun. Mi oedd wyth deg yn hen ddigon i'w codi efo llaw. Mi fuon ni'n trio efo menyg; Duw, toeddan nhw'n da i ddim byd. Os oedd 'na granc yn gafael yn dy fys di doeddat ti ddim yn 'i deimlo fo nes ei bod hi'n rhy hwyr ac mi oeddat ti'n styc wedyn! Mi roeson ni'r gorau i'r menyg yn reit sydyn. Mi ddaeth yr haulers 'ma yn 1980 – mi oedd hynny'n gwneud gwahaniaeth mawr 'achan. Oedd. Ond rhyw gant ac ugain fyddwn i'n roi i lawr wedyn ar ôl cael hwnnw. Duw, mi oedd o'n ddigon 'sti. Oedd. Toedd rhywun ddim yn byw arni rownd y rîl 'sti, nag oedd? Mi oedd gan rywun dyddyn bach a ballu, efo fo ynde? Fel ecstra oedd o, mewn ffordd, neu mi oedd y tyddyn yn ecstra, un o'r ddau. Dwi'm yn siŵr pa un. Fydda'r hen 'sgotwrs ddim ond wrthi drwy'r haf, ac wedyn yn dal cwningod drwy'r gaea. Pan symudis i i Garreg Fawr a dechra 'sgota o Borth Meudwy yn 1972 mi oeddwn i'n dal i fynd rownd i'r gogledd 'na i weld Owi. Mae 'nyled i'n fawr iddo fo.

Felly mae hi wedi bod yn y pen yma – mae rhywun wedi mynd â rhywun efo fo i'w ddysgu o, i'w brentisio fo felly. Tydi'r ffordd ffasiwn newydd 'ma o ddysgu pysgotwrs be i'w wneud yn da i ddim byd. Rhoid leiff jacets amdanyn nhw a neidio i ryw blydi baths ym Mhwllheli a dringo yn ôl i *inflatable*. Duw, does gen ti ddim *inflatable* mewn cwch bach nag oes?

Mae'r ffordd o 'sgota wedi newid lot erbyn rŵan w'sti. Mae mwy o *blanket fishing* heddiw yn hytrach na bod rhywun yn rhoi cawell mewn lle mae o'n meddwl y bydd o'n dal. Dwi'n cofio ers talwm cyn i'r sowndar ddod allan, be fydda'r hen fois yn wneud oedd rhoi sebon mewn pant ar waelod plwm 'sgota mecryll, a theimlo'r gwaelod wedyn efo hwnnw. Os mai tywod oedd ar y gwaelod mi fyddach yn 'i weld o ar y sebon.

Dwi'n cofio Sion Moore yn 'sgota ochor y gogledd 'ma, ym Mhorth Dinas oedd o. Cwch bach, rhyw ddeg a hannar, oedd gan Sion, ac mi oedd ganddo fo Seagull ar y tu ôl. Ambell waith mi fyddai'r Seagull yn cau tanio, neu fyddai ganddo fo ddim petrol efo fo, ac mi fydda Sion yn sefyll ar ei draed yn y cwch, a Duw annw'l, mi oedd Sion sbel dros ddwy lath. 'Injan bren s'gin i heddiw, fachgan,' medda fo, ac yn sgowlio mynd felly. Mi oedd o'n mynd yr un faint yn union efo un rhwyf ag oedd o cynt efo'r injan. Ia, 'injan bren heddiw, 'achan,' medda fo. 'Rhen Sion hefyd wedi mynd ers blynyddoedd.

Mi oedd 'na amryw o gychod Rigeta hyd y lle 'ma. Dim ond unwaith y flwyddyn fydda 'na Rigeta yn Aberdaron yr adag hynny. Cychod 'sgota oeddan nhw, ond efo hwyliau arnyn nhw am y diwrnod hwnnw. Cychod wedi i John Thomas 'u bildio oedd y rhan fwya. Duw, mi fydda 'na lot o dynnu coes. Dwi'n cofio'r hen Wil Safn Pant, *Y Wennol* oedd enw'i gwch o, ac Owi hefo'r *Swan*. Dyna'r unig le lle ffendiat ti'r *Swan* yn ffastach na'r *Wennol*, 'achan, oedd yn Rigeta Aberdaron!

Dwi'n cofio'r hen Huw Tŷ Fry yn deud wrtha i, pan

oeddwn i'n dechra 'sgota, 'os gwnei di gyflog chydig bach gwell na gwas fferm mi 'nei di'n iawn.' Mi oedd 'na gymeriadau difyr wrthi. Maen nhw wedi mynd i gyd rŵan. Dwi'n cofio Eddie Post yn Aberdaron, Ifan Nant a Huw Tŷ Fry, yr hen Bedyn, cymeriadau ofnadwy 'achan. Mi oedd 'na lawar o gysur i'w gael efo nhw. Mi fydda gan 'rhen Ifan ddywediada: ''sdim isio i ti fynd i'r Swnt i foddi' medda Ifan. 'Mi foddi di yr un fath yn union wrth ymyl y lan 'sti.' A phan fydda hi'n hegar felly: 'hen gyrlan wen wrth y 'nysoedd 'na. Waeth i ti aros ar y lan ddim, mi fydd yn bladras erbyn y bydd hi'n fa'ma.'

Mae 'na lawer o straeon digon doniol – rhai ddim ffit i'w deud 'achan. Fydd neb yn cyfadda i ddal rhyw lawar 'sti. Pawb yn cwyno 'i bod hi'n dal yn sâl, terfysg ne rwbath yn cael y bai. Dwi'n cofio 'rhen Owi yn deud wrth Ifan Nant ryw dro; 'wyddost ti be, Ifan, tri ges i heddiw,' medda fo. 'Ia, mm?' medda Ifan. 'Ia, mm? Fyddi di'n iwsio abwyd dŵad?' Pawb yn nabod 'i gilydd, 'sti, yn toedd? Roedd o 'run fath â rhyw deulu mawr, teulu'r môr 'sti, doedd?

Mi fu 'na bwl wedyn pan oedd deifars yn dod i lawr yma. Welis i gannoedd yn mynd allan o draeth Aberdaron. Nhw ddaru boetshio'r 'sgota. Tydi'r hen siacar goch byth wedi dod yn ei hôl yr un fath ar ôl hynny. Mae 'na amryw o hen ofergoelion hefyd – rhai yn deud os byddan nhw'n gweld person neu weinidog efo coler gron yn y bora cyn mynd allan, aros ar y lan a pheidio mynd i'r môr fyddan nhw wedyn y diwrnod hwnnw. Mae hi'n anlwcus mynd â dynes ar y cwch hefyd, meddan nhw.

Dwi'n colli morio yn arw iawn rŵan – er, mi fûm i am ryw ddwy flynedd ar ôl colli 'ngwraig ddim yn sbio arno fo, ond mae'n gas gen i fynd o'i olwg o erbyn rŵan. Mi ydw i wedi cael fy magu yn y mynyddoedd, cofia, yn Nant Gwynant. Dwn i ddim sut y ces i heli môr yn 'y ngwaed. Mae dyfodol 'sgota wedi mynd i ddibynnu mwy ar y politishans heddiw mae arna i ofn, ac mae'r rheini'n bobol na fedar neb eu

dirnad. Y bobol tu ôl i'r ddesg nad ydyn nhw wedi gweld môr erioed sy'n deud wrthat ti be i'w wneud heddiw.

Mi gefais y fraint o wneud rhaglen ddogfen i S4C yn ôl yn 1984 hefo Gwilym, a chefais ganiatâd i ddefnyddio ychydig o'r ffilm honno yn *Heli yn ein Gwaed*. Tydi o wedi newid dim – yr un mor wybodus a diddorol ei sgwrs. Cyfaill pawb – wel, cyfaill pawb ond y nofwyr tanddwr hwyrach. Nhw oedd ei elyn yn ôl yn 1984 a tydw i ddim yn meddwl fod llawer wedi newid yn fan'na chwaith. Gyda llaw, dim ond unwaith y symudodd y stwmp sigarét o gornel ei geg trwy gydol y sgwrs; dim ond siglo i fyny ac i lawr i gyfeiliant ei eiriau.

Porth Dinas

Mae gen i gyfaddefiad i'w wneud. O holl draethau a chilfachau pen draw Llŷn dwi'n siŵr mai Porth Dinas ydi'r unig un na cherddais i erioed i lawr yno.

Lloches mewn argyfwng oedd Porth Dinas i mi, fel i lawer o 'mlaen i ac ar f'ôl i mae'n siŵr. Rhyw fath o bolisi yswiriant petai'r tywydd yn troi'n gas a finna tua Trwyn Braich ac angen teithio yn ôl am Borth Ferin. Chefais i erioed fy ngorfodi i gymryd mantais o'r hafan yma, ond bu'r ffaith y gallwn, petai angen, yn dawelwch meddwl ar sawl achlysur.

Er mai lle digon bychan yw Porth Dinas a bod angen eitha bôn braich i halio cwch i fyny iddo, manteisiodd nifer ar y lle i gadw eu cychod ac i gwilla oddi yma.

Un teulu y bydda i yn ei gysylltu'n bennaf hefo Porth Dinas ydi brodyr Tan Fron, Anelog, a threuliais brynhawn difyr gyda Wil Evans, y brawd ieuengaf, yn gwrando arno yn adrodd ychydig o'i hanes.

Wil Evans

Wedi fy magu ar lan môr ynde, fy nheulu i gyd wedi bod yn cwilla a ffidlan hefo rhyw gewyll a chychod ar hyd yr oes. Felly wnes i ddechra, ers pan o'n i yn ddim o beth. Mynd lawr i Borth Dinas hefo 'Nhad, hefo 'mrawd, hefo 'mrodyr a deud y gwir. Dwi ddim yn cofio bod heb gwch yn Tan Fron acw ynde.

Fedra i ddim nofio. Well gen i fod ar y môr nag yn y môr, fu gen i ddim diléit mewn nofio erioed, dim ond bod ar y dŵr 'de. Dechra mynd ar y môr pan oeddwn yn bump i chwech oed, wedyn dechra cwilla pan oeddwn yn dal yn blentyn ysgol.

Mi ges i fy magu ar f'yta pysgod, do tad. Ro'n i'n 'sgota gwrachod bron bob nos, hefo gwialen ar y graig os nag oedd hi'n dywydd i fynd allan ar y môr, ynde.

Dwi'n cofio mynd hefo Guto 'mrawd o Borth Dinas i Gerrig Gwyddel yng nghanol y swnt, o bob man, i 'sgota gwrachod − dyna fydda hi am oriau ar bnawn Sadwrn. Hel abwyd ar nos Wener er mwyn cael mynd ar deid bora a dod 'nôl hefo'r llanw, a thomen o wrachod, rheini'n werth chweil. 'U halltu nhw wedyn, ac mi oeddan nhw'n para drwy'r gaeaf. Toedd na ddim *deep freeze* na dim byd felly yn nag oedd, halltu oedd hi'n 'de. 'U hongian nhw wedyn, ym mhen rhyw gytia a ballu, rheini fel gwadna sgidia. Cyn eu b'yta, eu rhoi mewn sosban a dŵr berwedig ar eu penna ac mi oeddan nhw fel newydd, yng nghanol gaeaf, mi oeddan nhw.

Mi fydda 'sgotwrs Porth Meudwy yn dod rownd i ochor y

gogledd 'ma ym mis Awst, ac yn cwilla o Borth Dinas am rhyw fis gan ei bod yn ormod o daith yn ôl drwy'r swnt. Rhyw betha felly dwi'n gofio a deud y gwir.

Huw Williams Cae Forys a Tomos Cae Geifr hefo'r hen *Blackbird* dwi'n gofio gynta ym Mhorth Dinas; cof plentyn bach 'sgen i ohonyn nhw. Mi oedd hi'n ddigon difyr lawr 'na, ac yno byddwn i bob nos. Mi oedd hi'n well tywydd o'r hanner nag ydi hi heddiw, hafa' gwerth chweil adeg hynny, yn doedd?

Ym Mhorth Orion roedd pawb yn cwilla i ddechra, cael sbario rhwyfo rownd trwyna Dinas Bach a Dinas Fawr, felly roeddan nhw'n medru rhwyfo am drwyn Braich a chael y teid yn eu holau. Ond pan ddaeth yr injan mi symudodd pawb i Borth Dinas. Haws yn fan'no hefo injan ynde, medru mynd i fyny am Bortho'r a Maen Mellt ffor'na, wedyn. 'Sgafnach iddyn nhw ym Mhorth Orion heb injan yn doedd?

Mae Porth Dinas yn medru bod yn lle digon hegar – mae gofyn dy fod ti wedi dy fagu yno i nabod y teidiau a phryd i fynd allan, ac yn bwysicach byth, pryd i beidio.

Mi oedd yna injan erbyn i mi ddechrau ond tan rwyfa oeddan nhw yn yr amser a fu, a toeddan nhw ddim yn teithio ymhell. Mae 'na gymaint o deidiau yma mi fasat rownd trwyn Braich 'na fel corcyn heb wybod be ti'n wneud hefo'r rhwyfa.

Dwi ofn môr. Dim iws i ti herio'r môr, fo di'r mistar, neu felly gafon ni'n dysgu. Ganddo fo mae'r gair dwytha. Does dim wedi digwydd i mi ar y môr, drwy ryw drugaredd, ond fo di'r mistar.

Mae pawb yn medru mynd pan fynnon nhw rŵan, ar orllan a phetha felly. Neb rŵan yn 'sgota i deid, does dim sôn am fynd ar ddwy awr o drai rŵan. Digonedd o bŵer – dim angen bôn braich erbyn hyn.

Cewyll gwiail crwn o'dd ganddon ni i gychwyn. Maen nhw wedi newid lot erbyn heddiw. Torri gwiail i'w gwneud nhw oeddan ni. Dwn i'm oes rhywun fedar wneud un erbyn heddiw. Roedd hi'n cymryd diwrnod i wneud cawell. Mi oedd angen naddu a throi, naddu tri phâr o 'senna – 'senna mawr yn rhyw ddwy droedfedd o hyd, 'senna bach yn droedfedd, a'r lleill yn rhyw droedfedd a hanner, dwi'n meddwl. Dwi ddim yn cofio yn iawn erbyn hyn, mae oes ers hynny rŵan, yn toes? 'Rhen Owi Cae Hic oedd y boi am gawell adeg hynny.

Mi fydda fo'n dechra yn y cniw, bôrd crwn hefo tylla ynddo fo, rhoi'r gwiail yn y tylla, eu troi nhw a dechrau plethu nes yr oedd yn dod yn siâp cawell. Dechra hefo'r cniw a phwytho'i din o i orffen. Mi oedd y job yn dibynnu llawer ar y gwiail – roedd rhywun yn cael gwell gwiail weithia. Mi ydw i yn dallt sut i wneud un, dwi wedi gweld digon yn cael eu gwneud.

Toeddan nhw ddim yn para ac mi oeddan nhw'n rowlio. Mi oedd gofyn rhoi tri maen wrthyn nhw, tri maen fyddai ar bob un, ynde.

Roedd isio rhoi carchar cawell ar y gwaelod, rhyw bwt o raff oedd hwnnw; bylchu'r garreg, rhoi'r rhaff rownd y garreg a'i phwytho drwy'r cawell, wedyn ei rwymo'n ôl yn y garreg ar ôl ei dynhau. Dyna oedd y pwysa: tair, weithia pedair, mewn teid.

Mi oeddan nhw'n gweithio'n dda, ond yn hawdd eu colli. Mi oedd yna anfanteision, ond fedra i ddim meddwl am fanteision wrth eu cymharu nhw hefo cewyll heddiw.

Mi fydda 'na rai yn cael eu plethu'n glosiach at ei gilydd, cawell tywyll oeddan nhw'n galw'r rheini. Mi fydda'r rheini yn dal yn well mewn gwman reit wrth y lan. Dim cymaint o ola yn mynd iddo fo.

Cewyll fel hyn oedd pawb yn iwsio yn y rhan yma o'r wlad, ynte? Pawb wrthi'n brysur yn torri gwiail yn ystod y gaeaf ac wedyn yn gwneud cewyll drwy'r gwanwyn er mwyn eu cael yn barod erbyn dechrau'r haf. Rhyw ddeg ar hugain oedd gan bawb – dyna faint fedran nhw eu gwneud a dyna'r cyfan fedran nhw 'u gweithio a deud y gwir.

Wedyn mi oedd yn rhaid cael sgopia. Tennyn coch oedd o, ac mi oeddan nhw'n gwneud y sgopia a phob dim eu hunain yr adeg hynny. Mi oedd angen weindio'r tennyn coch, neu ei grybelu o, fel roeddan nhw'n deud. Yr un peth fyddan nhw'n ei ddefnyddio i wneud carchar defaid hefyd.

'Sgin ti ffansi dod am dro i ben yr allt uwchben Porth Dinas?

Doedd dim angen iddo ofyn ddwywaith ac i ffwrdd â ni. Er ei fod newydd gael llawdriniaeth a chael dwy glun newydd, Wil oedd yn arwain y ffordd hyd allt y môr. Edrychodd i lawr ar y porth.

Mae o'n lle reit gul i fynd â chwch i fewn yma, ond mae'n lle clyfar iawn. Yr unig adegau roedd hi'n hegar yma oedd pan fyddai gwynt caled reit o'r gorllewin. Byddai'n rhaid codi'r cychod i fyny ar yr allt yr adeg hynny. Mi oedd hi'n reit ddrwg am le yma os oedd yna bedwar neu bump o gychod. Rhoi gwman ar ddarnau o goed a halio'r cychod i fyny fel leiffbôt oeddan ni.

Dwi'n cofio gorfod dŵad i fewn rhwng Dinas Bach a'r lan un waith am ei bod hi wedi codi'n rhy hegar ar y trwyn, y trai yn rhedeg yno.

Yli Braich Garw draw yn fan'cw, Ogo Ddu Fach a'r Bedol yr ochor bella i Dinas Bach. Ffos Aberfainc yr ochor bella i Dinas Fawr ac Ogo Ddu Fawr fwy i lawr wedyn. Mae gen ti Borth Rhiannog ac Ogo Redyn o'danon ni fa'ma rŵan – mae 'na dipyn o enwau ar y llefydd 'ma 'tae rhywun yn medru 'u cofio nhw i gyd. Mae Gwtar a Borth Ddofn yma. Mae 'na bedwar neu bump o dylla crancod reit dda allan i Ffos Aberfainc. Y tylla crancod yr ochor bella i Borth Dinas fan'na – Pêr Gwenyn ydi 'u henwa nhw. Wedyn mae tylla Trwyn Main, Tylla Trwyn Tywod, Morfa Dinas Bach, Y Bedol, Twll y Rhigol ac mae 'na ddau ne dri o dylla ym Mraich Garw. Mae 'na dipyn o dylla tua Porth Dinas 'ma.

Mi ydw i'n cofio mynd allan hefo cwch i greincia, mi oedd gofyn iddi fod yn braf iawn i wneud hynny. Un yn aros yn y cwch a'r llall yn mynd i'r lan, ynde. Cychwyn ym Mhortho'r a mynd rownd Trwyn Anelog am Borth Llanllawen ac am

Greigle yn y swnt. Mi oedd yna ddigon o grancod i'w cael yn y tylla yr adeg hynny – mae'n job cael un mewn twll heddiw am ryw reswm, dwn i'm pam. Torchi dy lewys 'dat dy ysgwydd ac i mewn â dy fraich at y bôn i'r twll... 'sdim angen bod ofn cranc os wyt ti'n gwybod sut i ddelio hefo fo.

Mi oeddan ni'n gosod cefnan i ddal abwyd hefyd, cathod a chŵn oeddan ni'n gael arni fwyaf. Roedd cefnan yn bwysig iawn am nad oedd yn bosib prynu abwyd yr adeg hynny. Lein hefo bacha mawr arni oedd hi, hefo maen ychydig mwy na maen cawell bob pen. Alffa oeddan nhw'n galw pwysa cefnan.

Rhyw betha felly oeddan ni'n wneud pan oeddan ni'n blant. Difyr iawn iawn hefyd. Faswn i ddim yn ffeirio hefo neb a deud y gwir wrthat ti.

'Sgin pobol ifanc heddiw ddim diddordeb mewn petha fel'na. 'Dyn nhw ddim yn dallt chwaith ynde, dwn i'm ai heb gael eu dysgu maen nhw. 'Sgin pobol ddim amser i betha fel'na heddiw, nag oes?

Chydig iawn dwi'n 'sgota rŵan – dwi wedi cael dwy glun newydd a dwi ddim 'run fath ag y bûm i 'de. Mae gen i gewyll a phob dim... mi a' i ryw ddiwrnod ma' siŵr. Mae 'nghwch i ym Mhorth Meudwy rŵan; mae 'na dractor yn fan'no i'w halio fo i fyny. Tipyn haws.

Na, fedra i ddim dychmygu byw yn bell o'r môr. Dwi'n siŵr y baswn i'n mygu'n gorn 'sna faswn i'n gweld y môr a deud y gwir wrthat ti. Tydw i ddim wedi bod oddi wrth y môr erioed, naddo, ar hyd fy oes, chofia i ddim bod yn unlle am wythnos heb weld y môr.

Faswn i ddim yn ffeirio fy magwraeth yn fa'ma am ddim hefo neb.

Heli'n ein gwaed ni 'de.

Ynys Enlli

I blentyn fel fi yn tyfu i fyny ym mherfeddion Llŷn yn ystod y pum a'r chwe degau, rhywle i edrych arni o ben Mynydd Mawr ar brynhawn Sul oedd Enlli, rhyw fan gwyn fan draw na allwn i byth ei chyrraedd. Teimlwn braidd yn genfigennus, mae'n siŵr, pan fyddai fy mam yn adrodd ei hanes yn mynd drosodd yno i aros at ei brawd a'i deulu yn ystod gwyliau'r haf pan oedd yn ferch ysgol. Pa obaith oedd gen i i fynd yno? Dim, gan fod fy ewyrth wedi dod yn ôl i fyw ar y tir mawr erbyn hynny.

I mi yn nyddiau plentyndod, pobol ddewr oedd yn byw ar Enlli, a phobol ddewrach byth a heriai'r swnt mewn cychod bach i groesi yno – a'r dewraf o'r rhain oedd Wil Evans, neu Wil Tŷ Pella fel yr oedd pawb yn ei adnabod.

Pan gyrhaeddais i fy arddegau cynnar mi gefais waith yn ystod gwyliau'r haf yn gwerthu petrol yn y garej yn

Aberdaron. Doedd o ddim yn lle prysur ofnadwy a byddwn yn ysu am i rywun alw am sgwrs yn aml.

Un diwrnod, pwy gerddodd i mewn a throi hen grât Corona pren wyneb i wared er mwyn eistedd arno, ond Wil Tŷ Pella. Wrth gwrs, mi oeddwn i'n gwybod pwy oedd o, ond tydw i ddim yn meddwl i mi fod wedi siarad hefo fo cyn y diwrnod hwnnw. Gwnes innau yr un fath a throi crât Corona i eistedd arno. Gwrando wnes i gan fwyaf – wel, gwrando ar bobol hŷn a pheidio torri ar draws oeddan ni y dyddia hynny, ynte.

Roedd o'n amlwg yn gwybod bod 'na ryw dynfa tua'r môr ynof innau, ac y byddwn allan yn 'sgota mecryll cyn dechrau yn y garej yn y bore ac wedyn gyda'r nos ar ôl gorffen yno.

Dwi ddim yn siŵr am beth arall yr oeddan ni'n sgwrsio, ond mae'n debygol iawn ei fod yn rhywbeth i'w wneud â'r môr.

Torrwyd ar y gwrando bob yn hyn a hyn gan rywun oedd isio gwario punt ar dri galwyn o three star (cyn i chi ddechrau gwneud syms, chwech ac wyth y galwyn oedd o).

Mi wnes yn siŵr fod pawb yn cael gwybod am yr ymweliad. Byddwn yn anadlu i fewn yn ddwfn, gwthio 'mrest allan a gwneud i mi fy hun edrych mor bwysig â phosib cyn cyfarch pawb weddill y dydd hefo'r geiriau, 'mi biciodd Wil Tŷ Pella draw yma am sgwrs gynna.'

Bu Wil yn ymweld â'r garej bron yn wythnosol am weddill yr haf hwnnw.

O edrych yn ôl, tydw i ddim yn meddwl mai galw yn arbennig i sgwrsio hefo fi oedd o, ond yn hytrach gwelai'r garej yn fan cyfleus i ymlacio o'r haul tra oedd o'n aros i'r llanw fod yn iawn i groesi'n ôl am Enlli.

Clywais bobol yn siarad amdano lawer gwaith ac yn dweud petha fel, 'Glywist ti am Wil Tŷ Pella'n rowndio'r Pen yna mewn môr diawledig neithiwr? Y cwch o'r golwg rhwng y tonnau am funuda weithia,' a phawb oedd yn ailadrodd y stori yn ychwanegu rhyw fymryn iddi mae'n siŵr.

Deuthum i ddeall yn fuan iawn nad dyn yn rhyfygu a mentro oedd o, ond dyn yn gwybod yn union beth oedd o'n ei wneud.

Drwy garedigrwydd Archif Genedlaethol Sgrîn a Sain Cymru, cefais ganiatâd i ddefnyddio clipiau o ffilm amatur a wnaed ar Enlli tua diwedd y pedwar degau gan E. E. Pritchard yn y ffilm *Heli yn Ein Gwaed*. Dengys hon Wil wrth ei waith yn cwilla a ffermio, hefyd yn llwytho defaid i gwch yn y Cafn i'w gludo i'r tir mawr.

Rhyw 45 mlynedd ar ôl profiadau'r garej, ar 8fed Awst, 2012, roeddwn innau'n croesi'r swnt ac yn edrych ymlaen yn eiddgar i sgwrsio gydag Ernest Evans, mab Wil Tŷ Pella. Y tro yma roedd gen i gamera i wneud yn siŵr y byddai'r sgwrs ar gof a chadw am byth.

Ernest Evans

'Mi fyddi di'n lwcus os cei di Ernest i siarad ar gamera hefo chdi.' Dyna ddywedodd amryw pan glywon nhw beth oedd gen i ar y gweill. Person distaw ydi o, byth yn chwilio am sylw. Ond diolch byth, cytuno i wneud ar ôl ychydig o berswâd wnaeth o. Fel finnau, roedd yntau'n gweld pwysigrwydd rhoi ychydig o hanes cychwyr Llŷn ar gof a chadw. Teimlaf weithiau i mi gymryd gormod o fantais o'r cyfle, a'i holi hyd syrffed dwi'n siŵr. Ond ella na chawn i, na neb arall, gyfle eto, felly rhaid oedd gwneud yn fawr ohono.

Ar fwrdd ei gwch yn y Cafn (sef glanfa Enlli) yr aethom

ati i ddechrau sgwrsio. Gofynnais iddo sut le oedd Enlli i blentyn dyfu i fyny. Wrth hel atgofion dechreuodd Ernest ymlacio.

Mi oedd o yn lle braf i blentyn yn doedd, roeddat ti adra yn toeddat. Doedd rhywun ddim yn meddwl dim gwahanol ar y pryd: fa'ma oedd adra ynde. Dyma oeddwn i wedi arfar hefo fo. Mi oedd yna blant eraill yma, plant Nant a Cristin. Roedd Robin a Jean Moore tua'r un oed â fi. Dwi'n cofio rhyw fymryn bach am fynd i'r ysgol yma hefo Dilys Cadwaladr. Rhedeg adref am fy mywyd o'r ysgol, jest â marw isio diod o ddŵr. Mi oeddan nhw wedi rhoi dŵr i mi allan o ryw danc â thap arno yn yr ysgol, a finna'n meddwl mai paraffîn oedd o. Wel, y cwbwl oeddwn i wedi ei weld yn dod allan o dap oedd paraffîn!

Mi oedd 'na chwech neu saith o blant yn yr ysgol ar y pryd. Mi oedd colli'r ysgol yn golled fawr i'r ynys. Ar ôl i'r ysgol gau yma mi oeddwn i yn aros hefo teulu ar y tir mawr ynde, a dod 'nôl yma ar y penwythnos. Roedd hynny'n newid mawr i mi a deud y gwir, aros a mynd i'r ysgol ar y tir mawr.

Mi oeddan ni'n darllen lot a chware cardiau yma gyda'r nosau 'de. Mi fydda'r *lightkeeper* yn chware cardiau hefo ni bron bob nos. Toeddan ni ddim gwahanol i'r tir mawr yma ar y pryd. Toedd 'na ddim trydan na dim felly yn fan'no chwaith.

Ond i fynd yn ôl ymhellach, fedrach chi fynd i nunlla o Aberdaron ond hefo ceffyl neu gerdded. Mi oedd pobol Enlli yn teithio i bob man hefo cwch, mi oeddan yn teithio am Lerpwl hyd yn oed hefo cwch.

Mi oeddan nhw'n deud bod ffasiwn Enlli yn fwy... be 'di'r gair?... modern ynde, nag Aberdaron ar y pryd yn toeddan. Am eu bod nhw'n trêdio hefo Lerpwl ynde. Cario ceirch a ballu o fan hyn i Lerpwl ar un adeg yn toeddan? Mynd hefo cychod yr ynys, cychod dau flaen fyddan nhw, rwla o gwmpas tua 30 troedfedd o hyd.

Mi ddaeth fy nhad yma yn 1932 ac mi fuodd o yma tan 1972. Yn 1972 y rhoth o'r gora i'r fferm felly. Dyna pryd y cafodd yr ynys ei gwerthu gan Lord Newborough i Michael

Pearson. Mi oedd o yn fywyd caled yn toedd, ond y rheswm y daeth o yma mae'n siŵr oedd am ei bod hi'n anodd cael fferm yr adeg hynny. Mi oedd rhai o'r teulu yma'n barod – roedd teulu Tŷ Lôn yma a theulu Cristin, a phan ddaeth Tŷ Pella'n wag mi fachodd y cyfle i gymryd y lle fel tenant. Ei brif fywoliaeth oedd y môr ma' siŵr ynde, pysgota. Toedd 'na ddim llawer yn dod o'r fferm. Toedd 'na 'mond Tŷ Pella ar y dechrau – dwn i'm oedd 'na 20 acer yno.

Gwartheg a defaid oedd yma fwyaf ynde, a cheffyla wrth gwrs. Hefo ceffyl y bydda rhywun yn aredig a gwneud pob dim ynde. Rhyw bump neu chwech o wartheg dwi'n gofio ganddo fo, fel oedd amser yn mynd ymlaen mi oedd yn cymryd mwy o dir. Pobol yn gadael yr ynys a ballu, mi oedd yn ffermio hanner yr ynys yn y diwedd. Erbyn y diwedd un mi oedd yr ynys i gyd ganddo fo ynde.

Roedd cael defaid o'r ynys yn hawdd yn toedd, mi oedd rhywun yn gallu codi dafad i fewn i'r cwch yn toedd, ond mi oedd gwartheg yn gallu bod yn dipyn mwy o broblem a deud y gwir. Ond mi oeddan nhw'n mynd, dyna oedd pobol wedi'i wneud erioed.

Mynd â nhw mewn cwch cyffredin, ia, mae hwnnw'n dal i fod i fyny ar y top 'na. Eu rhoi nhw mewn trelar gwartheg ydan ni erbyn heddiw, rhoi'r cwbwl ar y cwch, tractor yr ochor arall i'w dynnu o allan. Neb yn brifo, dim un yn neidio dros ochor y cwch na dim. Haws o lawer.

Pedwar cant a hanner o erwau ydi'r ynys, rwla o gwmpas hynny. Rhyw bedwar teulu dwi'n 'u cofio'n ffermio yma. Mi oedd Twm Nant a Brenda a Guto yma, wedyn mi oedd Brenda Chamberlain yn Carreg, John Moore, Kate a'r teulu yn Cristin a ninna yn Nhŷ Pella. Roedd pawb yn cael pori un ddafad ar y mynydd am bob punt o rent yr oeddan ni'n 'i dalu, felly roeddan nhw'n 'i gweithio hi allan ynde. Llefydd bach oeddan nhw, yn tyfu tatws a cheirch a chadw dwy fuwch a rhyw ddau neu dri llo ar y tir gwaelod ynde. Bes a Prince oedd ein ceffyla ni, a dwi'n cofio Toby y ci defaid.

Pan fydda'r llong *Trinity* yn dod yma mi fydda 'Nhad yn cario stwff i'r goleudy – yr oel a'r glo a phetha felly – hefo ceffyl. Os oeddat ti'n gwybod pa ddiwrnod roedd y llong yn dŵad mi fydda'n rhaid dal y ceffyl cyn iddi gyrraedd. 'Tae'r ceffyl yn clywed sŵn tsiaen yr angor yn mynd lawr, ddaliat ti mohono fo wedyn. Roedd yn rhaid 'i roi o i fewn cyn i'r llong gyrraedd. Mi oedd o'n dallt yn hollol be oedd yn digwydd; os clywa fo *rattle* y tsiaen yn mynd i lawr, 'na fo, rhy hwyr i'w ddal o.

Mi fydda fo'n cau'n glir â throi lawr am y Cafn yma, mi oedd o isio mynd i fyny'r lôn bob tro. Dwi'n cofio helynt y ceffyl yn iawn, y llong wedi cyrraedd a 'Nhad wedi anghofio ei bod hi'n dŵad, y ceffyl wedi clywed y tsiaen a chau'n glir â dod i fewn ynde, methu'n glir â'i ddal o.

Mi oeddwn i a'm chwaer yn gorfod gweithio – gwaith fferm, godro, corddi a ballu. Dwi'm yn cofio pryd gwnes i ddechra mynd ar y môr a deud y gwir. Mynd hefo 'Nhad a fynta'n fy rhw'mo fi i'r cwch rhag ofn i mi syrthio allan ynde. Mi oeddwn i yn mynd fy hun cyn 'mod i'n bymtheg oed.

Dwi'm yn cofio'r tro cyntaf i mi fynd i'r tir mawr chwaith, ond mi ydw i'n cofio mynd hefo hen gwch a hwylia arno fo ynde. Dim ond mynd i Borth Meudwy neu Aberdaron, i weld teulu Tŷ Lôn.

Mi oedd cwch yn mynd i'r tir mawr beth bynnag unwaith yr wythnos yn toedd. Os oedd 'na le mi fyddwn i'n cael mynd am dro. Cychod bach oeddan nhw ynde, felly, toedd 'na ddim lot o le, nag oedd, ac mi o'n i yn gorfod aros adra rhan fwyaf o'r amser dwi'n siŵr.

Mi fydda 'Nhad yn cario ymwelwyr drosodd i'r ynys hefyd. Anaml iawn y byddai'n gallu croesi'n syth drosodd – roedd y cychod yn araf yr adeg hynny toeddan, ddim yn gwneud mwy na rhyw bum not. Mi fydda 'na deid yn rwla yn dy gario di un ffordd neu'r llall. Mi oeddan nhw'n gwybod am adeg y teid ac un ai yn mynd i fyny gydag arfordir y tir mawr cyn croesi, yn enwedig os oedd trai yn rhedeg, neu os oedd 'na lanw mi oeddan nhw'n mynd allan i'r de ac ar draws. Toeddach chi byth yn cwffio'r teid... mynd hefo'r teid ynde. Maen nhw'n deud bod 'na saith teid yn y swnt, wel, *eddies* ydyn nhw a deud y gwir 'de. Mae gen ti rai wrth Garreg Ddu, ar ochor y tir mawr ac mae Maen Bugail fan hyn yn tydi. Rhyw *eddies* yn troi rownd rheini ydyn nhw ynde... tydw i ddim yn cofio'u henwau nhw.

Doedd 'na ddim adnodda i wneud cewyll ar yr ynys. Mi oeddan nhw'n mynd bob diwedd blwyddyn i dorri gwiail ar y tir mawr 'de, mi oeddan nhw'n cymryd rhyw wythnos i ddeg diwrnod. Mynd rownd hefo beic i dorri'r gwiail a chael rhywun hefo lori fach i'w codi nhw a dod â nhw yn ôl.

Cychod pren Aberdaron oedd gan fy nhad, y cwch oedd ganddo'n croesi drosodd, sef y *Benlli* cyntaf, hen leiffbôt llong oedd o. Wedi ei gael o yn nofio wrth yr ynys 'ma adeg rhyfel, a'i douo fo i'r lan a rhoi injan ynddo fo.

Mi fydda 'na betha diddorol yn dod i'r lan yma... 'sdim byd ond plastig yn dod i'r lan yma rŵan. 'Sdim byd ond *containers* ar y llonga rŵan, nag oes? Does dim llonga chwaith a deud y gwir – ella gweli di ryw un yr wythnos yn pasio yma, lle bydda yna chwech i saith bob dydd.

Cyn fy adeg i, petai argyfwng ar yr ynys, gwneud tân ar y mynydd fyddai'r arwydd, ond pan oeddwn i'n blentyn roedd 'na *radio telephone* yn y goleudy, ac felly drwy'r goleudy y byddai pob neges yn mynd. Dwi'm yn cofio'n iawn... tri thân fyddai'r arwydd am farwolaeth dwi'n meddwl. Ond drwy'r goleudy dwi'n cofio'r doctor yn cael ei alw.

Dwi'n cofio'r adeg pan aeth Elin Nant yn wael a leiffbôt Porthdinllaen yn dod â'r doctor i lawr. Doctor Owen o Fotwnnog dwi'n meddwl. Dwi'm yn siŵr ai diwrnod 'Dolig 'ta *Boxing Day* oedd hi. Ia, a mynd â hi o'ma ar stretsiar ganol nos i'r leiffbôt.

Ac wedyn mi farwodd y *lightkeeper* yn y leitows, tua 1949-50 ffor'na ma' siŵr. Boi o'r enw Stanford, *heart attack* gafodd o... mynd i fyny'r tŵr ganol nos i weindio'r lens a chael hartan a marw i fyny yna. Llong *Trinity* yn dod i'w nôl o – mi oedd ganddyn nhw long yng Nghaergybi yr adeg hynny.

Fydda pobol ddim yn rhyw gymysgu llawer yma; dwi ddim yn cofio troi rhyw lawer yng nghwmni pobol eraill 'de. Toedd neb yn mynd o dŷ i dŷ na dim byd felly. Ella na welat ti rai pobol ond tua unwaith yr wythnos, hyd y lle 'ma neu allan yn hel broc môr... pawb yn cadw iddo'i hun yma.

Mi fydda 'na hen arwyddion tywydd, ond tydyn nhw ddim i'w gweld yn gweithio heddiw – dwn i'm os ydi'r tywydd wedi newid 'ta be.

Ar Enlli y gwnes i gyfarfod fy ngwraig hyd yn oed. Dod yma i aros yn un o'r tai wnaeth hi. Mae'r ddau ohonon ni'n dal i fod yma bob haf, mae tŷ ganddon ni yma o hyd.

Dwi'n cario'r post yma, felly mi fydda i yma bob wythnos yn ystod y gaeaf hyd yn oed, ac mae 'na lwyth o stwff i ddod i'r fferm a ballu. Dwi ddim yn aros yn y gaeaf, dim ond dod yma am y diwrnod, felly.

Yn ystod yr haf mi ydan ni yma o ddechra Mai tan yr Hydref, gweithio allan o Enlli ynde. 'Dan ni'n byw yn Rhedynog Goch, drws nesa i'r hen gartref felly ynde. Mi gafodd Colin, y mab, ei fagu yma bob gwyliau ysgol hefyd. Cychiwr ydi o erbyn hyn yn 'sgota a chario pobol drosodd i'r ynys. Dyna mae o wedi 'i wneud erioed... wel, ar ôl bod yn y coleg a graddio. Wedyn dod yn ôl i 'sgota a chario pobol i'r ynys.

Dyma fo'n dŵad rŵan ar y gair, well i mi fynd i'w helpu o i lanio.

'Mi arhosa i amdanoch chi yn fa'ma,' medda fi.

I ffwrdd ag Ernest am y traeth – a bod yn onest, doeddwn i ddim yn rhy siŵr a fyddai o'n dod yn ei ôl gan fy mod i wedi cymryd cymaint o'i amser yn barod.

Bagiodd Ernest y trelar mawr i'r môr, gyrrodd Colin y cwch yn llawn o bobol arno, ac o fewn eiliadau roedd traed yr ymwelwyr ar ddaear Enlli ac Ernest yn ymlwybro yn ôl tuag ataf.

Ar ôl iddo wneud ei hun yn gyfforddus (mor gyfforddus ag y gall rhywun fod mewn *chest waders* ar ddiwrnod poeth o Awst) gofynnais iddo pam y penderfynodd ei dad adael yr ynys.

Wel, mi oedd o yn cael trwbwl hefo'i goesa ac yn methu gwneud petha fel y bydda fo. Dyna pam y rhoth o'r gora iddi dwi'n meddwl... hynny a'r ffaith nad oedd neb arall yma. Mae'n rhaid i ti gael dau neu dri yma – mae'n anodd i un fyw ar Enlli, mae angen mwy i weithio ac i halio'r cychod, ac mi oedd y *lightkeeper* yn gadael y goleudy. Felly fydda 'na neb wedyn i alw arno am gymorth yn ystod misoedd y gaeaf.

Mae'n siŵr fod ganddo dipyn o hiraeth ar ôl mynd ond ddaru o erioed sôn am hynny ynde. Ond mi oedd o'n dal i ddod 'nôl bob haf i godi cewyll a 'sgota, ac yn aros yn yr ysgol ynde.

Fysat ti'n lecio rhyw daith bach rownd yr ynys? Mae gen i ddau neu dri o gewyll yn dal i'w codi.

Mae'n rhaid ei fod yn gwybod yn iawn beth fyddai'r ateb gan fod peiriant y cwch yn chwyrnu y tu ôl i mi cyn iddo orffen gofyn. Allan â ni o'r Cafn gan gadw'r ynys ar y chwith. Bûm ar sawl un o'r *guided tours* yma tra oeddwn ar wyliau, ond heb os nac oni bai roedd yr un gorau erioed ar fin cychwyn.

Dyma ti'n pasio Trwyn Fynwant yn fan'na... mi aeth 'na gwch i'r lan fan'na. Mi gollwyd pedwar o bobol, yn 1825 dwi'n meddwl. Cwch o'r enw *Supply*. Dwi'n meddwl mai ym Mhorth Solfach roeddan nhw'n landio cyn hynny, dyna lle roedd porthladd yr ynys. Toedd yna ddim byd yn fan hyn. Mae hen *charts* Lewis Morris yn deud bod fan hyn i gyd yn *all foul* ynde. Dwi'n meddwl bod fa'ma wedi ei glirio a'i wneud pan adeiladwyd y goleudy.

Ia, hwnna 'di Trwyn Fynwant, draw yn fan'na wedyn mae Traeth Ffynnon – mae 'na ffynnon fach i fyny fan'cw ar y lan.

Dan ni'n dŵad at Pen Cristin rŵan, mae rhywun yn 'sgota yma o hyd. Maen nhw'n gallu bod yn beryg bywyd 'sti, yn castio leins dros rywun.

Rhyw bedair i bedair milltir a hanner ydi hi rownd yr ynys 'sti... dyna ni wedi pasio Pen Cristin rŵan a dyna i ti Ogo Gaseg yn fan'na; ia, Ogo Gaseg maen nhw'n galw'r rhan yma, dwn i'm pam, os nag aeth 'na geffyl drosodd ar un adeg neu rwbath felly.

Yli... be ti'n 'u galw nhw... *sheerwaters* wedi tyllu fan'na. Tylla cwningod oedd 'na i ddechra ma' siŵr i ti, wedyn mae'r rhein wedi tyllu a'u clirio nhw allan, yn tydyn.

Ogo Barcud ydi hon sy'n dod i fyny rŵan. Ma' raid bod 'na nyth neu rwbath wedi bod yna ar un adeg.

Weli di'r trwyn yma yn fa'ma rŵan? Braich y Fwyell ydi o. Mae'r teid yn rhedeg reit i'r lan yn fa'ma tydi. Llifo fel afon yma'n tydi?

Dyma i ti Briw Gerrig, mae 'na rywfaint o greigiau o'r golwg dan y dŵr, ond ddim yn dod ymhell allan. Jest yr ochor draw yn fan'na mae Ogo Morlo. Mae'n bosib mynd i mewn iddi o dan y dŵr. Mae 'na silff y tu mewn iddi a bydd lot o forloi yn gorwedd yno. Mae'n bosib mynd iddi o'r lan hefyd – ti'n gweld gola yn dod i fewn o dan y dŵr, 'lly.

Bae Felan ydi fa'ma rŵan, o Briw Gerrig draw ffordd acw. Mae'r hen *lichen* yna i'w weld yn felyn ar y creigia yn tydi?

A dyna ti Gerrig Llwydion yn ddigon amlwg yn fan'na 'te. Mae na *wreck* allan fan hyn ac maen nhw wedi cael lot o *horse brasses* oddi arni. Deifars wedi mynd â nhw i gyd yn tydyn.

'Tydi'r tywydd 'ma'n braf? Dwi'n siŵr nad ydi hi fel hyn yn aml yma,' dywedais wrtho.

O, nac'di... ti'n gweld y teid yn berwi 'ma heddiw yn twyt? 'Sat ti ddim isio lot o wynt ar hwnna i'w gwneud hi'n annifyr iawn yma.

Yn sydyn, daeth niwl i lawr o'n cwmpas a theimlwn yn falch iawn nad oeddwn i allan yno ar fy mhen fy hun.

Yn Nhalcen Mynydd ydan ni rŵan, a dacw i ti Ogo Forlas, wedyn Ogo Nant a Thrwyn Gorlach. Flynyddoedd yn ôl mi oedd yna foi yn dod i'r goleudy, dwi'n cofio mai Commander

Baggot oedd ei enw fo. *Water diviner* oedd o. Dyna fo'n dod allan hefo brigyn, 'lly, yn y cwch rownd yr ynys ac mi ffendiodd fod 'na ddŵr ffresh yn dŵad i'r ynys o dan y môr yn fa'ma. Dwi'n meddwl ei fod o mewn llinell hefo Ffynnon Fair. Wel, yn y pen yma o'r ynys mae'r rhan fwyaf o'r dŵr, ti'n gweld. Fa'ma mae'r sbrings cryfaf ynde, tydi'r rhain byth yn sychu y pen yma. Mae 'na ddigonedd o sbrings yma, ac mae 'na enwau ar y ffynhonnau i gyd. Y brif un am wn i ydi Ffynnon Corn, wedyn mae gen ti Ffynnon Owen Rowlands, Ffynnon Dolysgwydd, Ffynnon Bryn Baglau – mae 'na lwyth ohonyn nhw.

Dyna hi Ogo Nant yn fan'na rŵan... weli di'r bae bach yma? Wel, i fynd yn ôl i *charts* Lewis Morris eto, *Island Roads* oedd o'n galw fa'ma. Ma' raid 'u bod nhw'n arfer glanio yn fa'ma felly yn toeddan.

Mi gawson ni anffawd bach yn fa'ma yn ddiweddar. Tarw yn gwneud ei fusnes hefo'r fuwch ac mi wthiodd o hi dros yr allt ac i'r môr. Rhyw fisitors ar yr ynys yn ei gweld hi'n nofio yn fa'ma, a dŵad i ddeud. Allan â ni hefo cwch a rhoi penffrwyn arni, a'i thouo hi rownd ac i'r lan ym Mhorth Solfach. Mi fywiodd, ac mae'n dal yn iawn.

A dyma ni, hwn 'di Trwyn Gorlach yn fa'ma rŵan. Bae Rhigol 'di hwn.

Erbyn hynny roedd y niwl yn dew, ac anodd iawn oedd gweld dim hefo llygaid noeth. Teimlai fel petai rhywun wedi taflu planced dros y camera. Ond chynhyrfodd Ernest ddim, ac mi oedd yn dal i wybod yn union lle'r oedd o.

Penrhyn Gogor sy'n fa'ma rŵan. Mae 'na ryw hen gwt bychan uwch ei ben o lle maen nhw'n eistedd i wylio adar môr yn pasio a ballu. Rydan ni'n dŵad at Ogo Hir yn y niwl yn fan'na rŵan. Allan o'r trwyn yn fan'na mae gen ti *reef* o'r enw Maen Iau yn codi. Dyna i ti Ogo Las yn fan'na wedyn. Mae gen ti Ogo Trwyn Hwch Fawr ac Ogo Trwyn Hwch Fach yn dod i fyny fan hyn rŵan.

Un boi sydd wedi nofio rownd yr ynys – ac mi gymerodd

ddwy awr... diawl, tydw i ddim yn siŵr iawn... dwy awr ac ugain munud, dwi'n meddwl, i nofio rownd. Boi o'r enw Steve Walker oedd yn campio yn Uwchmynydd oedd o. Ac mae o wedi nofio'r swnt hefyd, fo oedd y cynta i nofio'r swnt. Mi nofiodd ar draws mewn awr, dau funud a phedwar deg eiliad o Ogo Nant i Ffynnon Fair.

Sylwais ar yr olwg falch ar wyneb Ernest wrth iddo gofio'r manylion.

Mae Ogo Gŵr draw fan'cw. Wrth gaeau Cristin ydan ni rŵan. Fan'cw mae'r clawdd terfyn, yn y niwl yn rwla.

'Dan ni'n dod i mewn i Borth Solfach rŵan – dyna fo reit o'n blaenau ni'n fan'cw. Dwi'n siŵr mai fa'ma oedd y lanfa cyn i'r goleudy gael ei adeiladu. Lle iawn i lanio ond bod y tywod braidd yn feddal yno, ac mae 'na lot o wymon yn cael ei hel i fyny ar y traeth. Ond os ydi hi'n ffit i ti fod allan mi fedri lanio yr ochor arall yn y cafn bob amser ynde.

Aeth Ernest ati i godi cawell. Rŵan, tydi o ddim yn un i regi ond tydw i ddim yn siŵr beth ebychodd o o dan ei wynt wrth sylwi ar nifer o'r *spider crabs* felltith yn dod i fyny yn y cawell. Ar ôl ychydig o waith trwsio ar rwyd y cawell a oedd wedi crafu ar greigiau geirwon dyfnderoedd Enlli, i ffwrdd â ni unwaith eto.

Mae 'na garreg fa'ma; weli di moni hi rŵan am ei bod dan y dŵr. Maen Cybi ydi hi.

Carreg y Rhona sy allan fan'cw, Carreg y Rhona, ia. Mae sawl llong wedi taro hon, dwi wedi clywed deifars yn deud bod 'na angorion i'w gweld ar y gwaelod yma ynde. Angorion mawr... mae'n siŵr 'u bod nhw wedi trio kedjio eu hunain allan rhag iddyn nhw gael eu hel i'r lan.

Mae Trwyn Dihiryn yn fa'ma. Mae 'na lo yn dod i'r lan yma o hyd. Dwn i'm pam – os nag aeth 'na long yn cario glo i'r graig 'na ryw dro. Dwi ddim yn siŵr yn lle, ond mi aeth 'na long o'r enw *Lucia* i lawr yma ryw dro. Mi oedd hi ar ei ffordd o Lerpwl lawr am West Africa yn rwla, ac mi dorrodd i lawr wrth ymyl Land's End a throi yn ei hôl. Hen injan Bollinder oeddan nhw'n ddeud oedd ynddi hi. Mi ddaeth yn ei hôl i fyny ac mi dorrodd i lawr eto yr ochor allan i Enlli 'ma. Mi ddaeth i'r lan ar ochor orllewinol yr ynys yn rwla. Mae 'na sôn eu bod nhw wedi blastio'r graig i'w chael hi allan, a dechra ei thouo hi rownd. Mi suddodd hi ganddyn nhw yn ymyl Pen Cristin, ac mae hi'n dal i'w gweld ar y sowndar hyd heddiw.

Dyma ni wedi cyrraedd Porth Hadoc rŵan. Enw cipars y goleudy ar y lle 'ma oedd 'Corona Get' am eu bod nhw'n gorfod cymryd sampls dŵr yma unwaith y mis mewn hen boteli oedd yn edrych fel hen boteli Corona ers talwm.

Y trwyn yna jest o'n blaena ni rŵan, Trwyn Llanciau ydi 'i enw fo. Y stori oedd bod hogia Llwyndyrys wedi boddi yma flynyddoedd lawer yn ôl. Tri brawd, ia dwi'n meddwl.

Wyddwn i ddim sut oedd Ernest yn gweld y llefydd yma drwy'r niwl. Welwn i fawr ddim. Tybed oedd o'n gweld, ynteu drwy ysgol brofiad roedd o'n gwybod lle roedd pob man?

Weli di Ogo Stwffwl Glas yn fan'cw, dwn i'm pam mai dyna ydi 'i henw hi chwaith. A dacw Ogo Lladron a Maen Du. Fysa hi ddim yn braf yn y teid yma wrth Maen Du 'tae 'na chydig o wynt, na fysa? Llanw'n rhedeg yn gryf yma'n tydi. Mi fydda yn dipyn o struggle hefo'r hen Seagull yn bydda? Dwi ddim yn meddwl y byddat ti'n mynd, aet ti ddim hefo rhwyfa beth bynnag. Niwl a therfysg wedi codi hen *swell* yma.

Dyna i chdi Fae Nansi, yli, dwn i'm aeth 'na long neu rwbath o'r enw Nansi i lawr yma. A Thrwyn Siani Penrhyn yn fan'cw, maen nhw'n deud bod bwthyn o'r enw Penrhyn yno ryw dro.

Mi ydan ni bron yn ôl yn y Cafn rŵan. Bae Honllwyn ydi hwn. Fa'ma mae'r cewyll cadw, y lle saffa iddyn nhw, does 'na'm teid yn rhedeg yma, dim ond i fyny ac i lawr.

Yli'r morloi wedi clymu'r rhaffau 'ma! Tynnu'r bwiau i lawr i chwarae maen nhw. Tydyn nhw'n gwneud dim difrod, dim ond clymu'r rhaffau. Mae 'na rhwng cant a hanner a dau gant ohonyn nhw yma – digon o bysgod i'w bwydo nhw yma ma' raid. Mi fyddan ni'n gorfod rhoi cewyll cadw pren i nofio weithia. Gwaelod budur sy' 'ma, a phryfed fel gwrachod lludw mawr yn clogio *gills* y cimychiaid.

Bob dydd Llun yn Aberdaron mae ein marchnad ni. Mi fydd 'na fan yn dod rownd a phrynu'r cwbwl, a mynd â nhw am Sir Fôn cyn anfon y mwyafrif dramor.

Ar hynny dechreuodd y niwl godi a daeth y goleudy i'r golwg.

Maen nhw'n sôn am wneud y goleudy yn *solar powered* rŵan, a rhoi golau coch ynddo fo. Dydi coch ddim yn tynnu adar ato yn y nos 'sti.

Mae'n adeg gwael am granc rŵan, llawer yn bwrw'i cregyn ac yn feddal. Pris gwael i'w gael amdanyn nhw hefyd. Mi fydda i'n anfon y rhan fwyaf i'w prosesu yn Cwrt at Steven ac Idwal. Mae agor y lle prosesu yn Cwrt wedi bod o gymorth mawr – lle lleol, ac maen nhw'n cymryd crancod hefo ond un bawd hefyd. Maen nhw'n gwneud yn dda iawn yno.

I ffwrdd â ni yn ôl am y Cafn a gobeithiwn yn arw na fyddai Ernest ar ormod o frys i fynd adref am Rhedynog Goch. Chefais i 'mo fy siomi, a pharhaodd i sgwrsio.

Mae petha'n lot haws rŵan, lot haws byw ar Enlli. Teliffôns, *generators*, letrig a hyd yn oed *satellite internet* yma. Dydi o ddim ganddon ni, ond mae o i'w gael ar yr ynys, 'lly.

Mae halio cwch i fyny yn lot haws heddiw hefyd. Troi winsh fydda hi ers talwm ynde, winsh ar y top a choed o dan y cwch.

Dwi'n gobeithio bod 'na ddyfodol i Enlli. Mi ydan ni wedi gwneud petha i drio cadw'r lle i fynd, fel y cychod a ballu. Heblaw ein bod ni wedi bildio'r *landing craft* yna fydda 'na ddim byd yma rŵan. Toes 'na ddim byd yng Ngogledd Cymru fysa'n gwneud be mae hwnna'n 'i wneud: cario stoc yn ôl ac ymlaen, cario tractors a ballu. Taech chi ddim yn gallu dod â petha felly fydda dim byd yn digwydd yma. Ar y funud mae pobol yn gallu gwneud bywoliaeth yma a chadw'r llên fyw.

Y dyfodol i mi fy hun? Wel yn f'oed i tydi o ddim llawer iawn o ots, nac'di. Ond i bobol sy'n dod ar fy ôl i, ydi, mae o yn beth mawr. Ond ar Enlli y bydda i tra medra i.

Teimlwn ei bod yn amser diffodd y camera a diolch yn fawr iawn i Ernest am ddiwrnod cofiadwy. Roedd yn rhaid i mi gael ychydig o luniau o'r cwch cario anifeiliaid newydd, modern oedd ar y cae wrth y Cafn. Trawiadol iawn, meddyliais, wrth edrych arno drwy lens y camera. Wyneb i waered, yn pydru wrth ei ymyl, roedd y *Lleuddad*, yr hen gwch a ddefnyddiai tad Ernest i gario anifeiliaid. Roedd Ernest yn iawn. Ydi, mae'n lot haws byw ar Enlli heddiw.

Colin Evans

Ar ôl paned gydag Ernest a Christine, ei wraig, yn Rhedynog Goch, ymlwybrais i lawr tua'r Cafn at eu mab, Colin, oedd yn brysur yn llwytho ymwelwyr ar y *Benlli III* i'w gludo 'nôl am y tir mawr.

Fel cychiwr y disgrifiodd Ernest ei fab ond mae'n llawer mwy na hynny. Mae erbyn hyn yn cynllunio ac adeiladu cychod iddo'i hun ac i eraill. Dangosodd ei gynllun diweddaraf i mi – un trawiadol iawn – ond allwn i wneud na phen na chynffon ohono. Roedd miloedd o linellau siapus a ffigyrau ym mhobman ar y medr sgwâr o bapur; rhy gymhleth o lawer i greadur fel fi. Gallwn weld siâp cwch ac esboniodd Colin bwysigrwydd pob un o'r llinellau a'r ffigyrau. Mae'n rhaid i mi ddweud fy mod yn edrych ymlaen yn fawr i weld y cwch ar y dŵr rhyw ddiwrnod.

Aeth Colin i ffwrdd i'r coleg am gyfnod, ond ar ôl graddio roedd tynfa Enlli'n ormod ac yn ei ôl y daeth o. Ydi, mae o'n ddyn prysur, prysur iawn, ac yn ystod y daith yn ôl rhwng y Cafn a Phorth Meudwy y cefais i gyfle i sgwrsio ag o.

'Mi dreulist ti lot o dy blentyndod ar Enlli, yn do?'

Do tad, do. Yr amseroedd gora i gyd; y petha dwi'n gofio fwyaf i gyd. Adeg yr ysgol mi oeddwn i yn gorfod bod ar y tir mawr ond yn ystod yr haf a gwyliau'r Pasg a ballu mi fyddwn i'n dŵad yn ôl i'r ynys. Mi oedd Nain yma – mi oeddwn i'n aros hefo hi yn yr hen ysgol ac yn Rhedynog Goch yn yr haf, 'lly. Rhyw bysgota a mynd allan mewn cwch rhwyfo a ballu, dyna oeddwn i'n wneud pan oeddwn i'n fychan yma. A dal i wneud petha felly ydw i wrth fy ngwaith bob dydd a deud y gwir, dwi'n dal i fod wrthi'n stwna hefo cychod bob dydd.

Tydw i ddim wedi colli allan ar ddim drwy dreulio cymaint o amser yma, dim ond ennill a deud y gwir.

Rhaid oedd i mi gael gofyn iddo a fyddai'n hoffi mynd yn ôl i hen ffordd ei daid o fyw.

Ella byswn i, ond mae'r oes wedi newid yn tydi? Mae ganddon ni well peiriannau, mae ganddon ni well cychod, mae'n lot haws byw ar Enlli heddiw 'ma nag ydi wedi bod erioed.

Y drafferth fwya i mi hefo byw ar Enlli drwy'r flwyddyn ydi na fydda 'na drydan na pheiriannau i wneud y petha sy'n angenrheidiol ar gyfer fy ngwaith i. 'Dan ni'n gwneud ein cychod a'r trelars ein hunain ac yn addasu dympars i halio'r cychod ar y traeth. Mae ganddon ni weithdai da ar y tir mawr ond yn anffodus does ganddon ni ddim ar Enlli, na thrydan drwy'r flwyddyn chwaith. Rhaid bod yn ymarferol. Allwn i ddim gwneud y petha yma ar yr ynys, dyna ydi'r drwg. 'Taen ni'n gallu goresgyn y broblem honno a chael rhyw sied fawr ar Enlli 'ma, a chyflenwad trydan digon cryf i weldio hefo paneli solar neu *generators*, mi fyddwn i'n hollol fodlon ystyried byw yma drwy'r flwyddyn.

Mae gen i dri bywoliaeth ar hyn o bryd rhywsut ynde; gwneud rhyw fath o fywoliaeth rhwng y tri ydw i. Dwi'n 'sgota fel gwnaeth pawb o'm teulu o 'mlaen i – dwi'n meddwl mai fi

ydi'r chweched genhedlaeth i bysgota yn Enlli 'ma. Fi ydi'r
contractor sy'n edrych ar ôl goleudy Enlli ac mi ydw i yn
rhedeg y gwasanaeth cwch yma yn cario pobol i'r ynys. Mae
lot yn dod yma i aros yn yr haf a nifer hefyd isio dod drosodd
am y dydd. Wedyn mae'r tri peth yna'n talu, ac o'r elw dwi'n
rhyw drio cynnal a chadw'r ynys mewn ffyrdd eraill. Dwi'n
cario peiriannau ac anifeiliaid ac olew a glo a phob math o
betha sy'n costio i mi i'w gwneud, ond mi ydw i'n lecio eu
gwneud nhw oherwydd eu bod yn cadw'r ynys yn lle byw,
ynde.

Prynu'r cwch yma fel cragen noeth wnaethon ni, a finna'n
ei gwneud hi i fyny 'de, ond erbyn hyn mi ydan ni'n gwneud y
cwbwl ein hunain. Y cwbwl ond y peiriannau sy'n eu gyrru
nhw 'de.

'Mae'n rhaid bod bywyd yr ynys wedi newid llawer ers
pan oedd dy dad yn blentyn yno,' gofynnais.

Ydi o dŵad? Dwi ddim yn meddwl ei fod o wedi newid
cymaint â hynny. Yr un petha sy'n cael eu gwneud yno ynde,
ffermio a physgota a gwaith yn y goleudy a ballu. Dwi'n siŵr
bod 'na fwy o gadwraeth rŵan. Mae cadwraeth wedi dod yn
job bellach. Cynt mi oedd cadwraeth yn rwbath roedd
rhywun yn ei wneud yn sgil ei waith yn doedd? Erbyn hyn
mae 'na bobol wedi eu hapwyntio i warchod y petha yma ac
yn aml iawn, yn anffodus, tydyn nhw ddim yn deall yr hen
ffordd o fyw, a does ganddyn nhw ddim llawer o
gydymdeimlad chwaith. Sbio'n ôl sydd isio, sut oedd pobol yn
byw sawl cenhedlaeth yn ôl.

Mae'r pysgota yn Enlli'n iawn 'de, 'dan ni wedi edrych ar ei
ôl o a pheidio gor-bysgota. 'Dan ni'n lecio'r syniad ei fod o'n
gynaladwy ac yn ffordd o wneud bywoliaeth. Beth bynnag
fydd dyfodol yr ynys mae pysgota yn mynd i fod yn rhan
bwysig o'r dyfodol hwnnw, doed a ddêl. Heb bysgota fydd 'na
ddim Enlli, fedar neb fforddio cadw'r cychod modern 'ma heb
wneud rwbath i ennill bywoliaeth hefo nhw. A toes 'na ond
rhyw gymun o bobol isio mynd i'r ynys a physgota. Pysgota

sydd wedi cynnal yr ynys ers canrifoedd a deud y gwir, pysgota a ffermio. Mae 'na botensial i bobol fyw ar bysgota o hyd. Dwi'n rhagweld y bydd yn rhaid datblygu marchnadoedd yn y dwyrain pell ar gyfer ein cynnyrch a marchnata mwy ar ein pysgod mewn llefydd fel Hong Kong a Shanghai.

Mae gen i ddwy o genod bach rŵan. Gobeithio y cân nhw yr un cyfle â fi, i dyfu fyny ar yr ynys hefyd.

Digwyddais grybwyll wrth Colin fy mod yn gweld y *Benlli III* yn lwmp o gwch mawr, ac yn synnu mor hwylus yr oeddynt yn ei drin ar y lan y ddwy ochor i'r swnt.

Trelars wedi eu gwneud yn arbennig i'r job oedd y gyfrinach, medda fo, a grisiau pwrpasol i'r teithwyr gerdded fewn ac allan o'r cwch.

Dywedodd y byddai'n hoffi cwch ychydig mwy ond bod 'na gyfyngiadau fyddai'n rheoli'r maint. Meddyliais yn syth mai'r lanfa ar Enlli neu ar y tir mawr oedd y broblem, neu efallai'r pwysau i'w dynnu i fyny ar y lan.

Nace'n tad – dau bolyn teliffôn ydi'r broblem! Mae'r lôn o Uwchmynydd yn gul ond mi allwn ddod dros y broblem honno drwy godi'r cwch yn ddigon uchel ar y trelar fel ei fod yn uwch na'r cloddiau; ond mae 'na ddau bolyn gyferbyn â'i gilydd rhwng ein gweithdy ni ac Aberdaron, a dyna sy'n cyfyngu'r maint. Ond cwch mwy fydd gen i yn y dyfodol gobeithio – nid i gario mwy o bobol ond i gael mwy o le i'w bagiau a chelfi.

Cofiais am y cynlluniau cymhleth a welais. Y *Benlli IV* efallai?

Hefo dau fodur pwerus yn ein gwthio ymlaen, mi groeson ni'r Swnt a glanio ym Mhorth Meudwy mewn chwinciad. Daeth diwrnod cofiadwy arall o ffilmio i ben.

Y Prynwyr

F el y soniodd Ernest, cwmni o ogledd Môn sy'n prynu llawer o gimychiaid Llŷn. Dwi'n cofio merch o'r enw Lindy Wood yn dod i lawr yma yn wythnosol i brynu ar ran y cwmni yn ystod y saith degau – ac erbyn gweld, Lindy sy'n dal i deithio i lawr yn ei fan i brynu. Dwi ddim yn siŵr oedd Lindy'n hapus o flaen y camera, ond ar ôl ychydig o berswâd cefais wahoddiad ati i Borth Swtan, Môn, am sgwrs. Dyma'r ail dro i mi ei rhoi drwy'r hunllef o siarad o flaen camera, ond roedd deng mlynedd ar hugain rhwng y ddau gyfarfyddiad.

Heb gyrraedd yn ôl o Ben Llŷn oedd Lindy pan alwais yn yr uned ym Mhorth Swtan un nos Lun, ond o fewn chwarter awr trodd fan lwythog iawn yr olwg i fewn i'r buarth.

Gan fod y camera'n barod daeth Lindy draw ataf yn syth am sgwrs gan adael eraill i ddadlwytho.

Lindy Wood

Dwi 'di bod yn mynd i Ben Llŷn i brynu ers deugain mlynedd. Dwi'n mynd yno bob wythnos. Dwi'n gweld y tymhorau'n newid – wel, a gweld y bobol yn newid dipyn hefyd. Mae o wedi bod yn rhan fawr o 'mywyd i. 'Dan ni wedi colli amryw, ond mae 'na rai ifanc yn dod i mewn hefyd... ond dydyn nhw ddim cweit yr un fath â'r hen stejars.

Huw Jones, Tŷ Fry, Uwchmynydd, oedd y cynta am wn i, ia. Mi fu'n rhaid i 'mrawd fynd yno i gyfarfod y pysgotwyr pan oedd o yn dechra prynu. Mi oedd o'n reit ofnus yn gorfod mynd yno i'w cyfarfod nhw i gyd – ond ar ôl hynny mae wedi bod yn amser braf iawn i ni.

Mi oedd Owen Jones, Cae Hic yn dipyn o ffefryn gen i, mi oeddwn i wrth fy modd hefo fo, a Guto Grepach... mae Guto wedi mynd ers blynyddoedd lawer. Mi symudodd o i Afonwen a phan oeddwn i yn mynd lawr ato yno mi oedd yn rhaid i mi ddreifio'r lori heibio'r sipsiwn – o, mi oedd gen i ofn! Mi oeddwn i'n gwenu'n neis arnyn nhw bob tro rhag ofn i mi gael pynctiar neu dorri i lawr yn eu canol nhw. Ond wyddoch chi be? Mi oeddan nhw'n ffeind iawn hefo fi.

Mae Gwilym Garreg Fawr yn dal i fynd, ond dwi ddim yn gweld Gwilym rhyw lawer rŵan. Mae o'n brysur yn helpu Gareth ar y fferm yn tydi? Mi oedd Norman o Bwllheli yn un o'r rhai cyntaf hefyd.

Mae 'na bobol eraill yn prynu ym Mhen Llŷn w'chi, mae 'na rywun wedi bod yn prynu yn ein herbyn ni erioed. Ond 'dan ni wedi trio bod yn deg ac mae pawb yn dda iawn hefo ni a deud y gwir.

I Ffrainc mae'r rhan fwyaf o'r cimychiaid yn mynd o Borth Swtan 'ma faswn i'n deud, ac wedyn mae 'na rai yn mynd i Sbaen... maen nhw'n mynd i'r Iseldiroedd, i'r Almaen, i wlad Belg ac mae 'na rai yn mynd i China rŵan hefyd. Mae hynna'n rwbath go newydd i ni. Tydw i fy hun ddim yn lecio'u gweld nhw'n mynd mor bell – mae o'n iawn i'r crancod ella, ond dwi'n 'i weld o'n rhy bell i'r cimychiaid. Mae'n daith fawr 'tae rhywbeth yn mynd o'i le hefo'r awyren neu rwbath. Dwi'm yn 'u gweld nhw'n para.

Mae pob dim yn gorfod mynd yn fyw – wedi marw tydi o'n da i ddim. Mae hi'n dipyn o job cadw petha'n oer ac o'r haul a'r gwynt, eu cadw nhw mewn cyflwr da.

Trio bod yn glyfar oeddwn i pan ofynnais, gan chwerthin, oedd hi'n gorfod cael un o'r trwyddedau rheini i gario anifeiliaid byw.

Wel, mae'r milfeddyg yn gorfod pasio pob peth jest yr un fath, 'dan ni'n gorfod cael *certificate* i hwn a'r llall, yn enwedig i China; ond hyd yn oed pan fyddan nhw'n mynd i Ffrainc mae'r *certificate* yma hefo nhw, ydi'n tad. Na, dwi'm yn meddwl bod gan bobol syniad be sy'n mynd ymlaen ar ôl iddyn nhw eu gwerthu nhw i ni.

Jest rhyw chydig 'dan ni'n werthu yn y wlad yma – mae pobol yn meddwl 'u bod nhw isio'u prynu nhw ond, w'chi, fedran nhw ddim prynu digon ac mae'r cludiant yn mynd yn ormod o gost. Mi fedar pawb brynu rhyw hanner dwsin, ond os ydach hi'n mynd â hanner dwsin i Fanceinion a hanner dwsin i Lerpwl fysa fo ddim yn talu o gwbwl i ni. Mi oeddan ni'n gyrru i Lundain flynyddoedd yn ôl... mae 'na ryw chydig bach yn dal i fynd, ond dim lot.

Mi fu Prince Charles yn byta yn y Lobster Pot yma flynyddoedd yn ôl. 'Dan ni'n dal i ddisgwyl am Prince William ond 'di o ddim wedi bod eto. Mi gafodd Prince Charles gimwch Pen Llŷn yma, ond mae hynny lot yn ôl, pan oedd o'n ifanc.

Mi faswn i'n deud bod 'na chydig llai yn pysgota rŵan, ond mae gan bob un ohonyn nhw fwy o gewyll felly maen nhw'n dal yr un faint. Tydi'r cyfri ddim wedi newid, mae o'n dal rwbath tebyg. Y siacar goch 'di'r unig beth sydd wedi mynd... o, mae 'na rwbath newydd wedi dod i fewn hefyd, mae'r *spider crabs* yma. Mae'r rheina'n bla rŵan, a toeddan nhw ddim o gwmpas pan oeddwn i'n dechra.

Ond i fynd yn ôl at Owen Jones, fo oedd un o fy ffefryna i; mi fyddwn i wrth fy modd hefo fo.

Ar ôl i ni orffen sgwrsio mi gefais gyfle i fynd i mewn i'r uned. Dyna i chi olygfa – welais i erioed y fath gimychiaid. Degau ar ddegau o focsys pysgod plastig wedi eu stacio ar bennau ei gilydd yn rhesi taclus, pob un yn llawn cimychiaid hefo dŵr yn rhyw ddripian drwyddynt i'w cadw'n damp. Roedd y llawr o dan ryw ddeunaw modfedd o ddŵr a chimychiaid rhydd yn cerdded o gwmpas. Sylwais ar ddau fachgen ifanc yn gweithio yng nghanol y dŵr, yn eu didoli a chwilio am rai marw, gan ddal ambell un i fyny gerfydd ei gynffon i chwilio am unrhyw symudiad.

Mae'n anodd credu bod bron pob un o'r cimychiaid yn mynd dramor. 'Sgwn i faint fydd yn gorffen eu taith ar fwydlen yn China?

Porth Meudwy

Petai rhywun yn gofyn i mi restru fy hoff lefydd yn y byd, mi fyddai Porth Meudwy yn uchel iawn ar y rhestr hon; porth bach fu'n lloches i 'sgotwyr pen draw Llŷn ers canrifoedd, dwi'n siŵr.

Alla i ddim cofio sawl awr dwi wedi'u treulio yn sgwrsio gyda hwn a'r llall wrth giât Nant cyn cerdded y cwta hanner milltir i lawr yr hen lwybr trol i'r Borth.

Mae'r olygfa gyntaf a gewch o'r Borth wrth droi'r gornel yn y llwybr wedi bod yn boblogaidd iawn gydag arlunwyr a ffotograffwyr ers blynyddoedd. A pha ryfedd? Yr hen gychod pren lleol yn gymysg hefo'r cychod 'sgota modern, a'r storws – cwt carreg cadarn hefo'i ddrws pren trwm sy'n dal i fod yn lloches ar dywydd garw. Yn y storws mae amryw yn cadw'u gêr 'sgota a hwylio. Mae llond y lle o focsys a chlo ar bob un – y mwyafrif wedi'u gwneud yn bwrpasol, ond mae hefyd ambell hen wardrob yn eu mysg.

'Sdim ffenest yn y storws felly mae'n gallu bod yn lle digon tywyll. Sawl gwaith mi glywais rywun yn gofyn i berson diarth, 'Duw, rho'r gola 'mlaen wnei di,' a hwnnw neu honno yn mynd yn syth at y drws i chwilio am y swits. Wrth gwrs, fu yno erioed olau trydan.

Hawdd iawn ydi dychmygu'r hen 'sgotwyr yn ymgynnull yma... dychmygu'r sgwrsio, y straeon a'r brolio. Clywais fod un 'sgotwr wedi deud ryw dro iddo ddal cimwch a oedd mor fawr nes iddo orfod rhoi rhaff yn sownd wrtho a'i arwain i fyny'r llwybr i giât Nant. Ychwanegodd ei fod yn gweld lefel y môr yn gostwng rai modfeddi wrth ei godi i'r cwch. Feddyliais i na neb arall ofyn sut aeth creadur mor fawr i mewn i gawell. Manylu a difetha stori dda fyddai hynny, mae'n siŵr.

Mi fu gen i gwch hwylio yma am flynyddoedd. Dyna fore difyr oedd bore'r ras – pawb yn tynnu coes yn y modd mwya diawledig. Paratoi a chodi'r hwyliau ar y lan, pawb yn mynd i ennill a hwylio'r ras berffaith. 'Watsia'r dŵr werad 'na ym Mhorth Samddai' neu 'Mi ddaw trai drwadd yn gry yn munud' ac ymadroddion tebyg i'w clywed yma ac acw. 'Pam wyt ti wedi rhoi enw dy gwch ar y starn yn hytrach nag ar y bow?' oedd cwestiwn rhywun. 'Er mwyn i ti fedru ei weld o yn ystod y râs,' oedd yr ateb bachog.

Guto Cae Mur oedd yn edrych ar ôl, a'r unig un bron a allai danio, y tractor cymunedol. Byddai Guto'n cerdded o gwch i gwch yn cynghori a chynnig cymorth.

Fel y dywedodd Gwilym Garreg Fawr wrtha i: 'fydd Borth 'ma byth yr un fath heb Guto.'

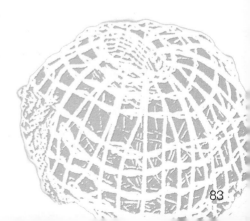

Huw Erith

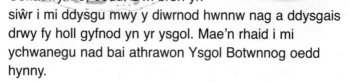

Doeddwn i ddim i lawr ym
Mhorth Meudwy i fyfyrio a
hel atgofion y bore hwnnw,
ond yn hytrach i gyfarfod â
Huw Erith. Edrychwn ymlaen
unwaith eto am ddiwrnod
cofiadwy yn codi cewyll.
Cofiadwy... o, oedd. Dwi bron yn
siŵr i mi ddysgu mwy y diwrnod hwnnw nag a ddysgais
drwy fy holl gyfnod yn yr ysgol. Mae'n rhaid i mi
ychwanegu nad bai athrawon Ysgol Botwnnog oedd
hynny.

Mae Huw yn 'sgotwr ac yn fardd ac roedd y cyfuniad
yma'n amlwg iawn i mi wrth wrando ar ei eirfa a'i
ddisgrifiadau lliwgar. Roedd ei adnabyddiaeth o'r arfordir
am filltiroedd i'r ddau gyfeiriad o Borth Meudwy yn agoriad
llygaid i mi. Gwybodaeth oedd yn amlwg wedi ei phasio
lawr drwy genedlaethau o'i deulu; pob brawddeg yn werth
gwrando arni a phob datganiad yn gwneud synnwyr.

Fel yr oeddwn yn gadael y Borth gofynnais iddo pryd a
sut y gwnaeth o ddechrau morio.

Wel, dwi'n cofio mynd i 'sgota hefo 'Nhad pan o'n i'n hen
foi bach. Allan hefo rhyw hen injan Seagull a mynd yn sâl
môr bob tro, dwi'n cofio'n iawn. Dwi'n siŵr mai ogla'r oel yn y
petrol oedd o yn fwy na salwch môr. Cysgu ar y sgotal flaen a
phetha felly wedyn.

Diawl, tydi o fel 'tasa fo'n rwbath yn rhywun, 'lly. Mi oedd
gan bawb gwch yr adeg hynny yn doedd, 'sgota mecryll, rhyw
ddau neu dri o gewyll, hwylio Rigeta ac ati. Tydi o'n rhan
ohonon ni am wn i.

Wel, dyna ni newydd adael Porth Meudwy ac yn mynd
am Borth Yclo ac wedyn rownd Trwyn Pen i Swnt Enlli. 'Dan
ni'n pasio Cadair Cawr rŵan cyn cyrraedd Porth Yclo. Porth y

Gloch ydi o yn iawn, dwn i'm pam 'y Gloch', ond Porth Yclo mae pawb yn ddeud. Trwyn Dwmi 'di hwn yn fa'ma a Phorth Distyll wedyn. Hen chwarel sets oedd yma, o gwmpas tri degau'r ganrif ddiwetha. Mi fuo 'na danchwa yma ac mi laddwyd un yn 1935, dwi'n meddwl, mi ddisgynnodd yr allt. Gruffudd Evans oedd enw'r dyn a laddwyd; hen, hen daid Owain y mab 'ma, taid Elen, ei fam o. Mi frifodd fy ewyrth i hefyd – mi oedd o'n brentis pymtheg oed yma ar y pryd. Mi collwyd o yn y rhyfel wedyn. Ar ei ôl o dwi 'di fy enwi.

Tarfwyd ar y sgwrs yn achlysurol gan mai allan ar y môr i weithio oedd Huw a'i fab, a rhaid oedd codi'r cewyll. Ond parhau wnâi'r siarad wrth deithio o fwi i fwi.

Mi rown ni wrachan ffresh yn abwyd yn amball un – ma' hi'n fain am grancod a phobol yn swnian. Mae'r hen granc yn lecio abwyd ffresh yn tydi?

Ogo Newydd 'di enw hon – mae 'na enw ar bob cilfach yma – a rownd y gongol mae Henborth. Toes 'na ddim lle i lanio yno, mae 'na gerrig breision yno. Wedyn, fwy mlaen ffor' hyn, mae Llech Granc. Mi fydda Guto Cae Mur yn sôn am rhyw Ogo Morgan yn fa'ma; chlywais i erioed neb arall yn sôn amdani ond mi fydda gan Guto straeon da.

Mae rhaffa'r cewyll 'ma'n mynd yn drymion ac yn llithrig yr adeg yma o'r flwyddyn, mae rhai wedi bod allan drwy'r gaeaf.

Crancod yn brin fel aur heddiw'n tydyn? 'Sdim speidars chwaith, yn nag oes?

'Dan ni'n colli pobol yn mynd rownd i werthu mecryll ac ati rŵan yn tydan? 'Blaw, mae isio trwydded i werthu mecryll rŵan yn does. Mae isio trwydded i bob diawl o bob dim. Mae 'sgota mecryll a ballu'n rhan o'n magwraeth ni'n tydi. Mi oedd o'n bres poced yn toedd, pres poced i blant yn mynd rownd hefo beic i werthu mecryll. Eu gwerthu nhw am, deuda, chwe cheiniog yr un, mi oedd o'n bres da ar ddiwedd y chwe degau'n doedd, yn enwedig os oeddat ti'n gwerthu tua cant o fecryll.

Trwyn Pen, neu Pen y Cil i roi ei enw iawn iddo fo, 'di hwn a jest rownd y gongol mae Ledis y Pen... mi gawn ni 'u cyfarfod nhw rŵan. Dacw nhw ar y graig yn fan'cw – ond i ti ddefnyddio chydig ar dy ddychymyg, maen nhw'n farciau gwyn ac yn edrych fel dwy ddynas ar gefn ceffylau yn tydyn? Mae 'na lawer ddim yn 'u gweld nhw, ond diawl, 'dan ni wedi'u gweld nhw erioed ma' siŵr, yn do. Mae rhywun wedi'u bedyddio nhw ryw dro'n does? Maen nhw'n deud bod fa'ma'n le da i ddal howlas yn de... be ddiawl 'di o yn Saesneg dwa'... *cuckoo wrasse* ynde. Lliwia fel enfys arno fo, rhyw how-las felly.

Wedyn Bae Ogo Eural 'di fa'ma, ac Ogo Eural yn y gongol yn fan'cw, a Thrwyn Crych ydi hwn. Guto Cae Mur fydda'n deud bod hwn, y trwyn, wedi'i wneud gryfa yn y swnt, wedi'i wneud hefo blociau medda fo.

Petaech chi'n gweld y graig ar y trwyn fe welech linellau syth yn union fel petai rhywun wedi gosod rhesi o flociau yn daclus yno, ac mae oriau lawer ar y môr ar ben eich hun yn siŵr o fod yn deffro'r dychymyg.

Mi ydan ni'n dod i mewn i Fae Parwyd rŵan, a dyna i ti Maen Llwyd yn fan'na. I fewn ym Mae Parwyd mae 'na farc ar y graig – ceiliog maen nhw'n galw hwnnw. Mae o'n edrych fel siâp ceiliogod yn cwffio, 'lly.

Rhyw farc gwyn ar y graig fel Ledis y Pen ydi hwn

hefyd, ac ar ôl i Huw ei ddangos o, mae'n edrych yn ddigon tebyg i ddau geiliog yn ymladd. Erbyn hyn mi oedden ni yng nghanol Bae Parwyd. Clogwyn serth bygythiol yn syrthio'n syth i'r môr ydi'r Parwyd, ac eglurodd Huw ei nodweddion.

Tydi pobol ddim yn meddwl fod ganddon ni lefydd fel hyn, llefydd dringo. Ella mai chydig bach yn berig ydi o; mae 'na ddarnau rhydd yma. Mae 'na ddarn mawr wedi dod o'i ganol o yn ddiweddar. Mae o'n edrych yn ddigon brawychus o fa'ma, ond o'r top mae o'n llawer gwaeth.

Trwyn Bychestyn ydi hwn rŵan... mae 'na Drwyn Bychestyn ochor Rhiw hefyd, ond Trwyn Penrhyn mae llawer yn galw hwnnw rŵan ynte.

Tua dwy flynedd yn ôl ro'n i'n mynd ffor' hyn ac mi oedd hi'n hen ddiwrnod digon 'sgythrog felly; diawl, dim ond at Drwyn Bychestyn 'ma roeddwn i wedi meddwl dŵad. Ond mi ddois i rownd y gongol i fa'ma i weld sut oedd hi yma, ac mi oedd 'na ryw bobol i fyny ar yr allt yn fan'na yn codi llaw arna i. Duw, dyma fi'n codi llaw yn ôl. Dyma nhw'n dechra pwyntio lawr at ryw ddyn ar y graig yn fan'na. Dyma fi'n mynd at y dyn. '*My wife's fallen into the sea*,' medda fo, ond Duw, fedrwn i ddim ei gweld hi'n unlle. Mi es i rom bach allan, a dyna lle roedd hi, a'i dillad allan o'i chwmpas hi fel 'tasat ti wedi rhoi pabell ar gae, 'lly. Mi oedd y ddynas ar wastad ei chefn – mi oedd hi'n mynd i fod yn anodd uffernol ei chael hi i fyny i'r cwch 'ma, yn doedd? Mi oeddwn i'n methu'n glir â'i chodi hi. Gorfod i mi fachu rwbath am ei garddyrna hi'n y diwedd a'i rhoi hi ar y peiriant codi cewyll, ac i fyny â hi. Toes 'na ddim signal ffôn na radio yn y swnt yma, ond fel yr o'n i'n mynd rownd y gornel yn ôl dyma fi'n ffonio am helicoptar ac ambiwlans. Mi oedd yr helicoptar yn fy nghwfwr i yng nghanol Bae Aberdaron. Mi oedd y bobol ar yr allt wedi cael signal o'r Werddon, signal Werddon wedi mynd i Abertawe, Abertawe i Gaergybi... mi oedd y rheini allan yn Eryri yn rwla ac wedi dod yn syth. Roedd y ddynas yn anymwybodol ond mi winshon nhw hi i fyny. Mi fuodd hi yn

Ysbyty Gwynedd am bythefnos neu well ma' siŵr, ond diawl, mi ddoth drwyddi. Mae'n dal i ddod lawr yma i aros, mi fydda i'n 'i gweld hi'n y Borth 'na weithia.

Roedd y busnes codi'r cewyll yn parhau tra oedd Huw yn adrodd y stori. Roedd yn gallu gosod y lastig bands ar fodiau'r cimychiaid heb edrych i lawr – wedi hen arfer. Gallai wneud hynny yn ei gwsg bellach, mae'n siŵr.

Ffordd o fyw ydi o ynde, nid gwaith ydi o, nace. Dwi ond yn ei wneud o am rhyw bedair awr y dydd – mae gen i rwbath arall i ddisgyn yn ôl arno fo os ydi hi'n dywydd mawr, ond mae'n rhaid dod yn ôl i hyn yn y diwedd hefyd 'de. Taswn i'n

gallu ei fforddio fo mi faswn yn ei wneud yn llawn amser, ond dyna fo, mae'n fraint cael ei wneud o'n rhan amser.

Mae'n ffordd o gadw pobol yn yr ardal. Os ydyn nhw wedi 'i gael o trwy'r bogal mae'n anodd iawn dengid oddi wrtho fo tydi. Mae o'n rhan o lawer ohonon ni, dwi'n meddwl.

Mae'n anodd dechra rŵan. Dwi'm yn deud na allat ti ddechra hefo cwch bach fel y gwnaethon ni, ond fydda 'na ddim pres yn'i am flynyddoedd. Mae 'na ddigon chydig o bres yn'i fel mae hi ynde.

Gwyddal ydi enw'r fferm ddaw i'r golwg rŵan, Mynydd Gwyddal Bach 'di hwn a Mynydd Gwyddal uwch ei ben o;

Porth Felan yn fan'cw a rownd y gornel mae Carreg Gwyddal a Llechi Gwyddal... mae Bae Ffynnon Fair wedyn, lle byddai'r pererinion yn mynd i Enlli. Mi fydda Bae Porth Felan 'ma'n le da am siacars coch ers talwm ond mae'r rheini wedi mynd yn hynod o brin.

Dwi'n cofio rhyw hen fachgan, Gwagi oeddan ni'n ei alw fo, yn dod i Drwyn Gwyddal 'ma i 'sgota gwrachod. Mi fydda'n cnoi cranc amrwd cyn ei roi o ar y bachyn. Mi fydda'n ddigon i droi stumog neb.

Tocyn Brwyn 'di'r hafn 'ma'n fa'ma. Mae Llechi Gwyddal yn fan'na'n lle reit dda i 'sgota gwrachod hefyd, ond does 'na fawr yn 'sgota gwrachod rŵan yn nag oes, castio mae pawb ynde.

Trwyn Maen Melyn 'di hwn, wedyn mae Maen Melyn Llŷn fel llyffant ar yr ochor yn fan'na tydi. Dafydd Nanmor wnaeth gyffelybu lliw gwallt ei gariad i'r maen yn Llŷn... gwallt Llio, gwallt melyn, 'lly.

Ogo Gath sydd ar y dde yn fan'na rŵan, ac mae'r grisia'n dod i lawr at Ffynnon Fair yn fan'cw. Yli, mae'r dŵr i'w weld yn disgyn o'r ffynnon yn tydi. Toedd o'n ddiawl o le i'r pererinion drio mynd ar gwch, yn enwedig os oedd 'na rom' bach o swel, yn doedd?

Bae Mawr ydi hwn rŵan, ac Allt Lefn sy'n dod lawr yn fan'na. Trwyn Bylan di hwn – mesur o ŷd ydi bylan yn ôl y sôn, er na chlywais i neb erioed yn ei ddefnyddio fo. Greigle ydi fa'ma o Drwyn Bylan i'r Braich, Trwyn Braich 'dan ni'n ddeud ond Braich y Pwll ydi'r enw iawn 'de.

Allan yn fan'na mae'r teitiau'n cyfarfod ei gilydd – mi allith fod yn ofnadwy o hegar yna. Codwm Braich maen nhw'n ei alw fo.

Dyma ni ar Drwyn Braich, ochor y gogledd yr ochor arall iddo fo. Fydda i ddim yn mynd yn bellach na hyn.

Mi faswn i'n meddwl, hefo'r busnes trwyddedu 'ma, fod petha'n digwydd yn organig, llai o bobol yn pysgota. Dim ond un cwch, ella, hefo mil a mwy o gewyll. 'Dwn i'm be ydi'r dyfodol, 'di hi ddim yn edrych fel y medar neb fyw arni. Mae'r un fath hefo ffermio – mi oedd gan bobol dyddyn ers talwm, neu mi oeddan nhw'n dal cwningod yn y gaeaf a chwilla yn yr haf. Mae'r ffordd honno o fyw wedi hen fynd. Toes 'na fawr o neb yn tyddyna wedi mynd, nag oes?

Tydi ddim yn job galad yn nac'di? Mae'n wir fod yna jobsys haws, ond toes 'na ddim llawer o jobsys fysa'n rhoi cymaint o bleser dwi'm yn meddwl, 'de. Go brin y baswn i'n gallu eistedd mewn swyddfa drwy'r dydd yn gwthio pensal. Wel, mae'n dibynnu faint o gyflog fasa yn'i ma' siŵr, ac os bysa 'na ddigon o wyliau i 'sgota gyda'r nosau. 'Wrach y baswn i'n ei ystyried o wedyn.

Dwi ddim yn meddwl i'r fath beth erioed groesi ei feddwl o gan mai rhyw wên ddigon direidus oedd ar ei wyneb pan wnaeth y datganiad olaf. Na, allwn i ddim gweld Huw, na'r un arall o 'sgotwyr Llŷn a dweud y gwir, yn eistedd mewn swyddfa drwy'r dydd. Gwynt y môr yn drech na'r gwres canolog yn yr achos yma.

Fel y deudodd o, 'Mae o'n rhan o rhywun, yn tydi.' Rhyw feddwl oeddwn i erbyn hynny y dylwn gadw'r camera a gadael llonydd i Huw godi gweddill ei gewyll, ond roedd o'n dal i siarad:

Y perig ydi, os collwn ni'r pysgotwyr, y bydd llawer o'r hen enwau llefydd ar hyd yr arfordir yn diflannu hefyd. Dwi'n siŵr bod 'na lawer wedi mynd yn barod. Tydw i ddim yn gwybod cymaint ag yr oedd fy nhad a 'Nhaid yn eu gwybod, o lawer. Os dwi'n gwybod eu hanner nhw, mi dwi'n gwneud yn reit dda.

Tydw i ddim yn rhedeg ar blant a phobol ifanc heddiw ond does 'na ddim cymaint o ddiddordeb a does dim angen gwybod lle mae'r creigiau a'r marciau yr un fath. Mae pobol wedi codi marciau ar hyd yr oes yn tydyn, ond mae gen ti GPS a phethau i ddangos gwaelod y môr a ballu rŵan, yn does? 'Sdim cymaint o angen gwybod lle mae Bwrw Gwmwd

a llefydd felly, nag oes. Os oes gen ti fras syniad lle mae o mi gei di hyd iddo fo hefo'r *echo sounder* yn cei.

Gallaf gredu fod Huw yn llygad ei le, a bod teclyn mor ddefnyddiol â'r *echo sounder* yn difa ein gwybodaeth o'r hen farciau a'u henwau. Sawl gwaith y clywais bysgotwr yn dweud, 'Dwn i'm be faswn i'n wneud heb yr *echo sounder* neu'r GPS, neu'r ffôn symudol hyd yn oed.' Llwyddodd ein cyndeidiau yn rhyfeddol heb unrhyw declyn electronig.

Er cymaint fy hoffter o Borth Meudwy, bu i ni gyrraedd yn ôl yno yn rhy fuan o lawer y diwrnod hwnnw. Gwyddwn yn iawn fod hanner cewyll Huw i'r cyfeiriad arall, tua'r Rhiw. Erbyn gweld, codi i un cyfeiriad heddiw, a'r llall y tro nesaf y bydd o. Bechod, gan fy mod yn siŵr bod ei wybodaeth o'r arfordir yr un mor eang i'r cyfeiriad hwnnw hefyd.

Roedd Huw ar frys i adael y Borth gan fod ganddo lond twb o grancod i'w berwi a'u trin. Peidio bod mor hy' â gofyn gawn i fynd hefo fo eto oedd orau, am y tro.

Ymhen ychydig ddyddiau, penderfynais godi'r ffôn a gofyn y cwestiwn. 'Cei siŵr,' oedd yr ateb, a'r bore canlynol i ffwrdd â fi am Borth Meudwy unwaith eto.

Cyn mynd ati i godi yr un cawell stopiodd Huw y cwch yng nghanol Bae Aberdaron.

Ti'n sbio ar draeth Aberdaron rŵan o ganol y bae – y rhan orllewinol ydi Porth Samddai, wedyn mae'r afon a'r pentref, wrth gwrs, y clwb hwylio wedyn. Rhyngddon ni a'r clwb hwylio mae'r Banc Sidan, Garreg Ring wedyn ac ymlaen i'r pen dwyreiniol, sef y Wig, a phan fydd y môr allan ymhell mae'r Wig Bach i'w gweld. Mae Ogo Ddeurws a'r Llech draw am Drwyn Penrhyn wedyn. Y tair carreg sydd i'w gweld ar Drwyn Penrhyn yn fan'na, Yr Ebolion mae'r rheina'n cael eu galw.

Cychwyn yn ôl i'r cyfeiriad arall o Borth Samddai am Borth Meudwy rŵan, mae 'na garreg wastad fawr – Bwrdd Mawr ydi enw honno – lle da am wichiaid. Trwyn Cam 'di'r trwyn bach 'na wedyn a Traeth Llam ar ei ôl o. Wedyn mae gen ti Ynys Piod a Thrwyn Creigia Bach a 'dan ni i fewn ym Mhorth Meudwy wedyn.

Yn amlwg, chefais i 'mo fy siomi, ac roedd gwybodaeth Huw a'i barodrwydd i'w rhannu yr un mor drylwyr ag yr oedd yn y swnt.

I ffwrdd â ni ar draws y bae i godi ychydig o gewyll cyn i Huw ddechrau hel atgofion am ddyddiau ei blentyndod.

Dwi'n cofio Ifan Morawel a Huw Tŷ Fry yn 'sgota o'r Borth 'na. Mi oeddan nhw yn rhannu'r un cwch am gyfnod ac yn dueddol o ffraeo, meddan nhw. Amser b'yta mi fyddan yn troi'u cefna at ei gilydd rhag i'r naill weld beth oedd gan y llall, ynde. Mi glywais i ryw stori am Huw Tŷ Fry yn deud wrth Ifan, 'Myn cythral i, mi faswn i'n rhoi cweir i ti a dy daflu di i'r môr, 'blaw 'mod i ofn i ti nofio i'r lan.'

Mi oedd Huw Tŷ Fry yn un da am stori a gor-ddeud, yn toedd. 'Myn cythral i, mae 'na gymaint o gewyll yn y bae yna, mi fasat ti'n medru cerdded i'r ynys ar y bwia,' medda fo ynde.

Dwi'n cofio Capten Eiriff, mi fydda ganddo fo ryw ddeg ar hugain o gewyll, a Wil Tŷ Pella yn Enlli wrth gwrs. Eddie Post; dwi'n cofio fi a 'Nhad yn mynd allan hefo fo. Mi wnaeth John Thomas gwch newydd iddo fo yr adeg hynny, y *Jim*. Mae'n siŵr 'i fod o wedi hen falu erbyn rŵan.

Mi fydda 'na amryw fel Randal a Wil Gwynant yn 'sgota gyda'r nos, Dafydd Bynglo hefyd. Rhyw chydig o gewyll a hen Seagull fydda ganddyn nhw. John Thomas fydda'n adeiladu'r rhan fwyaf o'r cychod, fo a Gruffydd Evans, Tŷ Tan Fron. Gruffydd Evans wnaeth y *Beti*, cwch fy nhaid, a 'Nhad wedyn. Mi wnaeth o dipyn, ond mae'n siŵr y gwnaeth John Thomas ddegau ohonyn nhw, yn do. Mae'n siŵr bod yna beth bynnag ugain ar hyd a lled Pen Llŷn yma'n dal i fod, ella bod 'na fwy hefyd. Mae 'na lawer wedi cael eu gadael ac wedi pydru erbyn rŵan.

Mi fydda 'na farc yn fa'ma ers talwm, pan fydda cyrn Morfa Mawr yn dod i'r golwg, ond mae'n siŵr bod Morfa Mawr yn dŷ bach yr adeg hynny. Mae'r allt wedi mynd yn ôl a ballu rŵan; defnyddio ffenestri llofft Morfa Mawr fydda i i gael y marc hwnnw rŵan.

Cadw'r traddodiad sy'n bwysig. Mae 'na sgotwrs wedi bod yn Aberdaron ac allan o Borth Meudwy 'na erioed am wn i, yn does?

Carreg Cybi ydi hon rŵan, ac wedyn mae Bae Ogo Leuddad hefo Ogo Leuddad reit yn y gongol yng nghesail y trwyn, a Thrwyn Bychestyn yn dod allan wedyn. Mae Trwyn Bychestyn yn lle poblogaidd iawn hefo 'sgotwrs mecryll. Mae'n siŵr bod 'na ryw gysylltiad hefo seintiau ac ati yn fa'ma, yn does, hefo Lleuddad a Cybi. Rhyw hen fecryll bach, bach 'dan ni wedi bod yn gael 'leni... welis i erioed rai cyn lleied.

Y Cloc sy' yn y lan yn fan'cw rŵan, dwn i ddim pam maen nhw'n ei alw fo'n Gloc ond mi ddeudodd rhywun y medri di ddeud faint o'r gloch ydi hi oddi wrtho fo. Dwn i'm sut mae hynny'n gweithio chwaith. O'n blaenau ni'n fan'cw mae 'na garreg i'w gweld allan o'r dŵr, Wislan 'di honna a Maen Gwenhonwy wedyn. Gwenhonwy yn ôl y chwedl, dwi'n meddwl, oedd chwaer y Brenin Arthur. Wedyn rownd y gornel o'r Maen mae Porth Cadlan, Pwll Cŵn, Porth Ysgo, Porth Realm a Phorth Llawenan.

Tydw i ddim yn meddwl y medri di gael dy ddysgu i wneud hyn gan neb. Mae o yr un fath â byw yn tydi, mae'n rhaid i ti wneud dy gamgymeriadau dy hun a dy lwyddiannau, os oes 'na rai, a rhygnu drwyddi.

Dwi ddim yn gweld fawr o neb newydd yn dechra 'sgota. Ond ella y bydd un o'r hogia acw isio fy nhrwydded i ryw dro. Mae hynny'n bosib gan fod tri ohonyn nhw ar y môr. Ella byddan nhw yn ymddeol yn gynnar a mynd ati i 'sgota. Ond wela i neb ifanc yn dechra fel y bydda hi 'de.

'Dan ni uwchben carreg Bwrw Gwmwd rŵan, un o'r marciau i'w ffendio hi ydi cael lein fel llwybr trol rhwng Trwyn yr Ynys Fawr a Phen y Cil a Phen Diban Enlli, ia, llwybr trol rhwng y tri. Lliw'r ynys fawr fydda 'Nhad yn ddeud. Os bydda 'na gwch allan o Drwyn yr Ynys Fawr neu Drwyn yr Ynys Fach, 'maen nhw ar liw'r ynys' fydda fo'n ddeud. Chlywis i neb rioed yn deud am liw dim byd arall am wn i.

Ar y môr y bydda i tra medra i. A thra deil yr iechyd mi wna i ddal i fynd ma' siŵr. Mae o'n ddihangfa yn fwy na dim byd arall yn tydi? Dwi ddim yn deud nad oes gen ti'r mobeil ffôn rŵan, ond mae'n bosib peidio ateb hwnnw hefyd. Toes 'na ddim signal yn y Swnt beth bynnag.

Y tu ôl i Ynysoedd Gwylanod oedden ni pan orffennodd y sgwrs. Roeddwn inna'n hel atgofion erbyn hyn – fa'ma y byddwn i'n blentyn yn 'sgota mecryll mewn rhyw gwch bach deg troedfedd. Dwi ddim yn siŵr a wyddai Mam a 'Nhad am hynny. Erbyn meddwl, ella'u bod nhw'n gwybod ac wedi penderfynu 'mod i'n saffach ar y môr nag yn cambihafio ar y tir.

Diolch byth am bobol fel Huw sy'n dal i gofio'r enwau, y marciau a'r straeon a glywodd gan ei dad a'i daid. Diolch byth fy mod innau hefyd wedi cael y cyfle i roi'r cyfan ar gof a chadw. Mi ydw i wedi clywed Saeson yn ynganu Pen y Cil fel 'Penny Sil' yn barod – Duw a ŵyr beth wnan nhw hefo Bwrw Gwmwd.

Idwal Moore

Mi ydw i'n cofio gweld Idwal
yn mynd allan o Borth
Llanllawen i godi cewyll
hefo'i dad pan oedd yn ifanc
iawn... pan oedd y ddau
ohonom yn ifanc iawn a dweud
y gwir.

Ia, o Borth Llanllawen – mae
gofyn eich bod yn 'sgotwr eitha ymroddgar i ddewis
gweithio allan o'r fan yna. Dydi'r lle yn ddim llawer mwy na
hafn yn y graig, ac mae angen cerdded ar draws amryw o
gaeau i gyrraedd yno. Tydw i ddim yn meddwl y gallwch
chi ddod â chwch llawer mwy na deuddeg troedfedd i
mewn yno rhwng y creigiau. Gosod darnau o bren ar y
traeth, a rhoi ychydig o wymon gwlyb arnyn nhw i'w
gwneud yn fwy llithrig i hwyluso'r gwaith o lusgo'r cwch i
fyny fyddai tad Idwal. Gwelais hefyd weiren ganddo yn
uchel i fyny ar draws y porth gyda phwysau yn hongian
oddi wrthi, fel rhyw system *counterweight*. Mae'n eitha
amlwg felly fod morio yng ngwaed Idwal o'r crud.

Gorfu iddo gymryd mantais o'i brofiadau cynnar tra
oedd yn dal yn fachgen ysgol. Collodd ei dad yn ddyn
ifanc a dilynodd Idwal yn ôl ei droed a mynd i 'sgota.
Erbyn hynny roedd ei dad wedi symud o Borth Llanllawen i
Borth Meudwy ac yno mae Idwal yn dal i gadw'r cwch.

Sgwrsio hefo Gwilym Roberts oeddwn i yn y Borth
rhyw brynhawn pan ddaeth Idwal i'r lan. Pan ddechreuodd
y ddau sgwrsio a thynnu coes, penderfynais gymryd
mantais, a dechrau recordio'r sgwrs. Rhywsut fel hyn yr
aeth hi...

Gwilym: Dwi'n dy gofio di yn hen foi bach yn y cwch hefo dy dad lawer gwaith. Pawb yn cwyno 'i bod hi'n dal yn sâl ryw ddiwrnod, terfysg yn poetsio'r tywydd neu rwbath. Dyna titha'n troi at dy dad a deud, 'Be ti'n cwyno, mae gen ti lond cawell cadw.' O'n i'n meddwl y basa dy dad yn dy luchio di i'r môr, 'achan.

Idwal: Dwi'n cofio 'sgota hefo 'Nhad ym Mhorth Llanllawen. Cofio tynnu cwch i fyny a ballu yno ynte. Neb isio cerdded i le felly rŵan yn nag oes, dw'inna chwaith a deud y gwir. Mi oedd hi'n ddigalon yno'n toedd, gorfod cario pob dim i fyny o'na.

Pawb yn codi cewyll hefo dwylo yr adeg hynny'n doeddan, ond diawl, doedd gan rywun ddim llawer yn nag oedd? Pawb yn ei bishyn bach ei hun yr adeg hynny, pawb ym mhob man erbyn rŵan.

Rhyw bedair ar ddeg ffor'na o'n i pan wnes i ddechra fy hun ynte. Fan yma y gwnes i ddechrau, tractor i halio'r cwch a fan i gario'r gêr i fyny'n fa'ma.

Gwilym: Welis i orfod cario sachaid o fecryll i fyny o fa'ma hefyd. Wel, mi o'n i'n difaru fy mod i wedi dal cymaint erbyn cyrraedd y top, 'achan.

Idwal: Mi oedd hi'n rhy gul i ddod i fewn i Borth Llanllawen os oedd hi'n hegar yn toedd, ond mi ydw i'n cofio tri cwch yno, 'Nhad, Huw Moore a Dic Mann.

Gwilym: Twyt ti ddim wedi mynd am gwch mawr gwyllt fel y rest, yn naddo?

Idwal: Rhy dlawd ydw i [gan chwerthin yn braf].

Gwilym: Nace, dim rhy dlawd. Bob tro mae o'n tynnu 'i walat allan mae o'n gorfod chw'thu arni i gael gwarad o'r llwch rhag ei fod yn mynd i'w ll'gada fo.

Idwal: Diawl, wyddwn i ddim tan y blynyddoedd dwytha 'ma fod gen ti walat! Welis i moni dros yr holl flynyddoedd y buost ti'n 'sgota yma. Mi gymerodd hi thyrti years i mi ffendio fod gen ti un, a dim ond unwaith dwi 'di 'i gweld hi byth.

Gwilym: Yn fy hosan o'n i'n 'u cadw nhw, 'achan. Wyddost ti be, mae'r blynyddoedd wedi mynd yn sydyn... fydda i ddim yn cofio pa ddiwrnod ydi hi, wedi mynd.

Mi fydda i'n sgwennu yn fy nyddiadur bob dydd. Dyna'r unig ffordd y bydda i'n cofio pa ddiwrnod ydi hi ynde. Mae gen i rai ers pan o'n i'n dechra 'sgota, faint o gimychiad o'n i'n eu dal a ballu. Dw'n i'm lle maen nhw erbyn rŵan chwaith.

Idwal: Mi fasa'n werth cael gafael ar y rheina'n basa. Yn y banc yn dre maen nhw gen ti erbyn rŵan ma' siŵr, dan glo.

Gwilym: Dwi'n siŵr bod 'na fwy o heli môr na dim byd arall yn dy waed ti erbyn rŵan. Mi glywais i yn rwla eu bod nhw yn Norwy rŵan yn rhoi dŵr môr ar ben dŵr ffresh neu rwbath, er mwyn ei gael o i chwyddo i gynhyrchu trydan. Dwi'n siŵr, 'taen nhw'n rhoi bylb yn dy glust ti, y basa fo'n goleuo i fyny, 'achan.

Dwi'n meddwl mai clust ddeudodd Gwilym... ond ta waeth, cafodd y tri ohonom bwl reit dda o chwerthin wrth ddychmygu'r fath beth.

Gwilym: Mi ydw i'n cofio Guto Cae Mur yn deud rhyw dro, 'Wyddoch chi be, pan fydd pawb wedi methu byw ar 'sgota mi fydd Idwal yn dal wrthi, gewch chi weld.'

Yn anffodus, torrwyd ar y sgwrs gan fod Idwal angen danfon crancod i fferm Cwrt.

Efallai nad oedd Gwilym ymhell o'i le pan ddywedodd fod mwy o heli môr na dim arall yn ei waed, gan iddo dreulio ymhell dros ddeugain mlynedd yn cwilla – ond erioed mewn cwch mwy na rhyw bymtheg troedfedd. Dwi ddim yn rhy siŵr am y bylb chwaith.

Fferm Cwrt

Methu cael pris digonol am eu crancod ydi un o brif
gwynion pysgotwyr Llŷn, felly aeth Idwal Moore a
Steven Harrison (un arall o 'sgotwyr Porth Meudwy),
ynghyd â'i wraig, Natalie, ati i sefydlu uned brosesu eu
hunain ar fferm gyfagos. Mae'r uned yn mynd o nerth i
nerth ers rhai blynyddoedd bellach ac yn gwerthu'n
uniongyrchol i westai a siopau lleol, a llawer pellach
erbyn hyn hefyd. Yn bwysicach byth, efallai, maen nhw'n
creu gwaith i bobol mewn ardal lle mae swyddi'n gallu
bod yn ddigon prin.

Medwyn Williams, un o'r bechgyn lleol oedd yn
gweithio yno ar y pryd, wnaeth gytuno i sgwrsio hefo fi
pan alwais yno gyda'm camera tua deg o'r gloch rhyw
fore Gwener ym mis Awst. Teimlo braidd yn euog oeddwn
i pan ddeallais fod rhai yno bron â gwneud diwrnod llawn
o waith yn barod, ac mae'n siŵr mai'r peth olaf roedden

nhw ei angen oedd rhywun fel fi yn gwthio meicroffon dan eu trwynau a hithau'n ymylu at amser mynd adref.

Medwyn ddaeth i'r drws i'm cyfarch, a gwnes innau rhyw sylwadau digon dwl pan welais beth oedd yn ei wisgo. Wellingtons gwyn, cot goch, ffedog blastig las, menyg plastig, rhwyd dros ei wallt a het goch drawiadol ar ben honno. Ymateb Medwyn oedd dweud y byddai'n rhaid i minnau wisgo yn yr un modd cyn y cawn ddod i mewn. Ia, rhwyd am fy mhen i ddal yr ychydig flew sydd ar ôl yn eu lle.

Roedd hi'n brysur yno, rhai yn pigo cig o'r crancod, rhai yn golchi ac eraill yn pacio. Aeth Medwyn ati i ddechrau waldio rhes o fodiau crancod oedd wedi eu gosod yn daclus ar y bwrdd hefo rhyw erfyn tebyg iawn i bastwn plismon. Ar ôl iddo orffen waldio a dechrau pigo'r cig yn daclus i ddysgl fawr, gofynnais iddo fo ddweud lle roedden ni a beth oedd yn mynd ymlaen yno.

Ar fferm Cwrt, y fferm agosaf i Borth Meudwy, ydan ni yn fa'ma; mae rhai o'r adeiladau wedi cael eu haddasu i wneud hyn. Mi ydan ni'n trin y crancod yma a phrosesu'r cwbwl, wedyn eu rhoi nhw'n ôl yn y cregyn ac mewn bocsys bach i'w hanfon i'r gwestai a'r siopa, 'lly.

Ym mis Awst fel hyn does 'na ddim cymaint o grancod i'w cael, felly maen nhw'n prynu gan rai o'r 'sgotwyr er'ill. Mae'n gallu mynd yn broses go hir... mi fydd hi'n hanner awr wedi un arnon ni'n mynd o'ma heddiw, ma siŵr.

Mae Sian wedi bod wrthi'n paratoi'r corpws y bore 'ma. Mi fydd hi'n dechra tua pedwar ar y cig brown ac mi fydda inna'n dechra ar y gwyn am bump. Wedyn mi ddaw y criw ifanc i fewn tua chwech i helpu hefo'r cig gwyn a gwneud yr ordors a ballu.

Mi fydd Wil wrthi'n berwi y noson cynt – berwi crancod dwi'n feddwl, dim berwi fel rwdlan, 'lly, a'r cwbwl yn barod i ni mewn pwcedi erbyn y bore wedyn.

Mi fyddwn ni yma am wyth awr yn yr haf, hyd at ddeg

weithia hefyd. Dibynnu ar yr ordors yn tydi? Mi ydan ni ffŵl-pelt yma ar adegau.

Mae'r rhain yn fodia reit fras rŵan, mi gei di rai mân weithia. Mae'r rheini'n fwy ffidli o lawer 'te... y rhain yn ddi-lol ar y naw. Mae angen cracio'r bodiau 'ma i gael y cig allan yn lân; mae'r cig sy'n cael ei adael ar ôl yn golled yn tydi. Mae 'na ambell un yn galed ddiawledig hefyd.

Mae 'na ryw hen *cartilage* ym mhob bawd, ar ôl crafu'r cig oddi arno fo mae o'n edrych fel pluen, yli.

Tua chwarter tunnell sydd 'na i'w wneud heddiw. Mae 'na bump ohonon ni yma – tydi hi ddim yn ddrwg os oes 'na ddigon o griw; mi fydda'n job drwy'r dydd fel arall.

Ar ddydd Gwener, 'fath â heddiw, 'dan ni'n prosesu mwy i'r farchnad leol fel Aberdaron, Abersoch, Nefyn a Phwllheli. Ond ar ddydd Iau maen nhw'n mynd i ffwrdd am Y Fenni a Llanelli ffor'na. Mi oedd 'na rai'n mynd i Lundain llynedd – ma' fan'no'n reit bell yn tydi? Rhyw bylia ydi llefydd felly, dibynnu be sy' gan bobol ar y fwydlen ma' siŵr. Mae 'na rai yn dal i fynd i Islington bob wythnos.

Y peth ola dwi isio'i weld ydi cranc i ginio ar ôl mynd adra. Tydw i ddim yn ddyn bwyd môr eniwe. A tydw i ddim yn meddwl y bydda i chwaith ar ôl treulio cymaint o amser yn fa'ma. Ond mae o'n rhywbeth lleol i'w werthu'n y siopau yn tydi. Mae pobol yn gofyn am gynnyrch lleol yn tydyn? Ma' siŵr y byddai'r rhan fwyaf yn mynd dramor oni bai am fa'ma.

Mae Sian wrthi'n sgwrio a sychu'r gistan rŵan er mwyn eu cael nhw'n hollol lân. Eu llenwi nhw'n ôl wedyn hefo cranc ffresh – brown rownd yr ochra a'r cig gwyn yn y canol.

Mae fa'ma'n cadw rhywun mewn gwaith yn tydi, yn lleol a heb ormod o waith trafeilio. Mae'r siopa'n cael y cynnyrch a ninna'n cael y gwaith. Mae hynny'n dda o beth yn tydi?

Erbyn hynny roedd dysglau llawn ym mhob man, a'r rheini'n codi blys mawr am frechdan granc arna i. Ond mi oeddwn i wedi gwastraffu digon o amser y criw yn barod ac ar ôl diolch yn fawr iddyn nhw am eu hamser a chofio tynnu'r rhwyd oddi ar fy mhen ymlwybrais i lawr tua Porth Meudwy am dro unwaith eto, lle bûm yn ddigon lwcus i ddod ar draws Steven Harrison – un arall sydd wedi bod yn 'sgota ar hyd ei oes ac yn bartner yn yr uned brosesu crancod. Dechreuodd yn bymtheg oed oddi ar y traeth yn Aberdaron cyn symud i Borth Meudwy ymhen blwyddyn. Cefais fwy o hanes y fenter gan Steven.

Rhyw syniad gafodd Idwal a fi oedd o, y syniad o agor yr uned brosesu, 'lly. Mi oedd yn rhaid i ni wneud rwbath gan fod bocs o abwyd wedi mynd yn ddrytach na bocs o granc bron. Mae o'n ychwanegu ychydig o werth i'r crancod yn tydi, ac yn creu swyddi. Maen nhw'n cael eu hanfon i ffwrdd i bob man, cyn belled â Llundain hyd yn oed. Ond mae 70% yn dal i gael eu gwerthu'n lleol.

Mae o'n siŵr o fod yn helpu twristiaeth hefyd – maen nhw'n cael blasu cynnyrch yr ardal yn tydyn? Maen nhw wrth eu boddau'n dod yma a gallu prynu cranc o Fae Aberdaron a'i f'yta fo ar y traeth. Be sy' well? Mae'r uned a'r cynnyrch wedi ennill nifer o wobrwyon erbyn hyn, gan yr Ymddiriedolaeth Genedlaethol a Gwir Flas Cymru, ac mi fuo 'na chydig amdanon ni yn y *Guardian* hefyd.

Rigeta
Aberdaron

I lawr ym Mhorth Meudwy hefyd y mae mwyafrif aelodau Cymdeithas Hwylio Hogia Llŷn yn cadw'u cychod. Petaech yn mynd i lawr yno yn ystod misoedd yr haf fe welech nifer ohonynt yn gymysg hefo'r cychod pysgota modern. Hen gychod pysgota pren (*clincker*) ydi'r rhain, ac wedi eu haddasu bellach i rasio dan hwyliau ym mae Aberdaron. Gan fod y rhan fwyaf wedi eu hadeiladu yn arbennig i godi cewyll a chan bobol wahanol does yr un ohonyn nhw yn union yr un fath. Cychod rhyw bedair troedfedd ar ddeg ydi'r mwyafrif a llawer wedi eu hadeiladu gan John Thomas, Pwllwgwr, Anelog. Drwy garedigrwydd ei deulu, cefais gipolwg ar rai o'i hen ddyddiaduron. Daliodd 26ain Awst, 1947 fy sylw gan iddo ysgrifennu: 'Yn codi cewyll a'u symud yn y bora, a dechra adeiladu'r *Orion* yn y prynhawn.'

Hen gwch pysgota Gwilym Roberts oedd yr *Orion*, a

addaswyd i hwylio yn ddiweddarach gan gyfaill i mi, ac mae'n dal i hwylio hyd heddiw.

Cwestiwn a glywais yn cael ei ofyn lawer gwaith pan oeddwn yn blentyn oedd, 'pryd dechreuodd y Rigeta?' 'Duw, mae'n mynd ers dros gan mlynedd bellach,' fyddai'r ateb bob tro. Dros hanner canrif yn ddiweddarach ac mae'r cwestiwn yn dal i gael ei ofyn ac, yn rhyfeddol, yr un ydi'r ateb. Na, does neb yn siŵr pryd y dechreuodd y Rigeta, ond dwi'n siŵr ei bod yn mynd ers dros gan mlynedd... erbyn hyn!

Mae rhyw bymtheg ras ar y bae'n flynyddol erbyn hyn, ond ers talwm, dim ond ar gyfer un penwythnos ym mis Awst y byddai'r pysgotwyr yn addasu'r cychod ar gyfer eu hwylio. Diwrnod mawr oedd hwnnw, a byddai pawb yn siarad am yr enillydd am wythnosau. Wel, tan yr Awst canlynol a dweud y gwir. Dwi'n cofio gorfod codi'n fore a mynd hefo 'Nhad i Aberdaron a pharcio'r car ar allt Pensarn er mwyn cael yr olygfa orau o'r bae. Byddai'r lle yn fwrlwm a phawb yn edrych tua Phorth Meudwy i weld y cwch cyntaf yn dod allan, a chychod eraill yn dod o gyfeiriad Y Rhiw i gystadlu. Byddai Bad Achub Porthdinllaen wedi ei angori wrth y llinell gychwyn a'r diweddar John Morris hefo'i fegaffon yn y pentref yn barod i roi sylwebaeth ar y ras. Roedd popeth yn cael ei reoli o'r ganolfan hwylio yng Nghwt Hysh Hysh. Ia, gelwid yr hen ganolfan hwylio yn Gwt Hysh Hysh – rhywbeth i'w wneud hefo'r gweithgareddau yno adeg y rhyfel oedd y tu ôl i'r enw dwi'n meddwl. Chwalwyd yr hen gwt ac mae canolfan newydd wedi ei hadeiladu ar y safle gan yr aelodau erbyn hyn, ond mae'n dal i gael ei alw yn Gwt Hysh Hysh gan nifer.

Cynhelid cyngerdd wedyn yn Neuadd y Pentref gyda'r nos i gyflwyno'r tlysau i'r enillwyr. Dwi'n siŵr fy mod i'n cofio rhyw driawd ifanc gweddol newydd o'r enw Hogia'r Wyddfa'n cymryd rhan yno un tro. Penderfynais yn y dyddiau cynnar hynny fod yn rhaid i minnau hefyd gael cystadlu yn Rigeta Aberdaron.

Roedd hi'n siŵr o fod ugain mlynedd yn ddiweddarach cyn i mi wireddu'r freuddwyd. Erbyn hynny roedd nifer y rasys wedi cynyddu a galw mawr am gychod Aberdaron. Roedd llawer yn dal i gael eu defnyddio gan y pysgotwyr a phan fyddai un yn dod ar werth roedd y pris allan o gyrraedd rhyw greadur fel fi.

O'r diwedd cefais hanes un a oedd wedi cael ei adael am flynyddoedd yn y mwd yn harbwr Pwllheli. Cwch wedi i John Thomas ei adeiladu, yr union beth yr oeddwn yn chwilio amdano. Ar ôl llwyddo i ddarganfod y perchennog a thalu canpunt iddo, dyna gael benthyg trelar i fynd â'r cwch adref. Roedd mewn cyflwr trychinebus ac mi ydw i'n siŵr i mi golli gwerth hanner canpunt ohono ar y ffordd rhwng Pwllheli a'r Rhiw.

Erbyn y tymor canlynol roedd y cwch yn barod, ac un o bleserau mwyaf fy mywyd i oedd treulio blynyddoedd yn hwylio *Y Wylan* ar Fae Aberdaron.

Pan soniais wrth Douglas Jones a D. J. Griffiths (neu Dafydd Sion Pen Maes, fel mae pawb yn ei adnabod), sef dau o hynafwyr y Rigeta erbyn hyn, am y ffilm yr oeddwn yn gweithio arni, trefnwyd yn syth i gyfarfod am sgwrs yn y Ganolfan Hwylio un gyda'r nos.

Mi fuon ni'n siarad a malu awyr am oriau. Dyna sydd i'w gael, mae'n siŵr, pan fo tri hefo'r un diddordebau yn dechrau hel atgofion. Yn y diwedd llwyddais i gadw'n ddistaw am ychydig a gadael i'r ddau ohonyn nhw sgwrsio.

Dafydd J. Griffiths (Dafydd Sion Pen Maes) a Douglas Jones

Dafydd: Ti'n cofio Rigeta 1946, Douglas? Dyna'r gynta dwi'n gofio.

Douglas: Yndw'n tad... cofio dod ar gefn beic hefo hen ddyn fy nhad o Bwllheli i Aberdaron. Mi oedd o'n cofio rhyw lwybra, achos un o Rhiw oedd o 'de. Cyrraedd jest cyn cinio 'lly.

Dafydd: Wel, dŵad lawr oeddan ni i ben yr allt i fan'na, ac eistedd yno yn gwrando ar yr hen bobol yn trafod y ras. Rheini'n deud, 'tasa hwn yn stwyo rŵan...' a hyn a'r llall. Wrth wrando arnyn nhw mi oeddwn i wedi dysgu lot am hwylio cyn mynd i gwch erioed. Rhedeg adra wedyn i nôl tamaid o ginio er mwyn cael dod lawr i'r sbôrts yn pnawn, ynde. Consart gyda'r nos wedyn i gyflwyno'r cwpanau.

Dwi'n cofio un consart hefo David Lloyd yn canu yma, finna'n ista ar y bont yn fan'na i drio gwrando am nad oedd gen i ddigon o bres i fynd i mewn.

Douglas: Iechydwriaeth, dwn i'm!

Dafydd: Cychod wedi i John Thomas eu bildio ydi'r rhan fwya, ynte.

Douglas: Mi fydda'n mynd i Enlli, yn bydda, a'r oll oedd

ganddo fo oedd chydig o hoelion a mwrthwl a llif.
Llifio plancia o froc môr, ynde. Toedd o'n greadur yn
toedd? Mi fydda'n bildio cychod am hyn a hyn y
droedfedd yn bydda... a'i fwyd ynte.

Dafydd: Mae'r Rigeta 'ma'n mynd ers dros gan mlynedd ma'
siŵr yn tydi, ac maen nhw'n deud mai'r ffordd
ddechreuodd o oedd... wyddost ti... mi oedd yr hen
bysgotwrs yn mynd allan ac yn cadw'n agos i'w
gilydd yn toeddan. Toedd ganddyn nhw ddim ond
rhwyfa, yn nag oedd. Wedyn deuda eu bod nhw'n
darfod codi cewyll yn y swnt, w'rach. Ambell un yn
dechrau codi rhyw hwyl bach i ddod yn ôl i'r Borth o
flaen gwynt ac i gael sbario rhwyfo. Yn y diwedd ma'
siŵr y daeth hi'n ras, am y cynta i Borth Meudwy ella
ynde. Mae nhw'n deud i mi mai felly dechreuodd hi.

Does yna ddim math o reol ar be gei di roi uwchben
y cwch yn nag oes?

Douglas: Mae rig Aberdaron yn unigryw, yn tydi? Wyddost
ti'r hen rig hefo sprŷd hir, felly.

Dafydd: Felly y byddan nhw ers talwm ynte, nes y daeth y
Bermuda rig. Mae 'na hen rig yn y storws yn Borth
ysti. Mae'r rheolau'n deud na cheith y cychod ddim
bod yn hirach nag un droedfedd ar bymtheg ynde.
Dwi'n cofio rhywun yn deud wrth Henry Defi, 'rhen
greadur, ryw dro, fod ei gwch o ddwy fodfadd yn rhy
hir, ac mi welodd rhywun Harri ryw noson yn y
Borth hefo plaen yn plaenio bow y cwch fel diawl i
drio'i chael hi'n llai o rom bach.

Douglas: Mae 'na lot o straeon fel'na am Harri druan.

Dafydd: Mi oedd y dŵr yn dod i fewn i'r hen *Realm* ganddo
fo; mi oedd hi'n gollwng fel basgiad. Fy job i pan
wnes i ddechra hwylio hefo fo oedd 'sbydu a rowlio
sigaréts i Harri.

Douglas: Dwi'n cofio ni'n dy bryfocio di'n y Borth – 'Be ydi hi
i fod heddiw, Dafydd, pwcad fach 'ta pwcad fawr?'

Tydi cymeriadau fel 'rhen Harri ddim yn bod rŵan, yn nac'dyn.

Dafydd: Wel, mae 'na amryw o'r hen gychod yn dal i fod yma. Dyna i ti A1, cwch Bryn Goronwy, y *Betty*. Dwi'n cofio honna yn dod allan y noson gynta erioed. Wedi cael ei hadeiladu yn Nhan Fron i Joni, Bryn Chwilog.

A2, *Awel*, Tryfan, Rhiw ynde, gan Vaughan.

Douglas: Vaughan fildiodd honna, ynde.

Dafydd: Ia fo fildiodd honna. A3, dyma i ti gwch, *Ewyn* ynde.

Douglas: Ew annw'l, ia.

Dafydd: Mi wnaed honna yn sbesial ar gyfer Rigeta Portho'r.

Douglas: Mi fuon ni'n mynd y tu ôl iddi hi amryw o weithia... mi oedd y môr yn torri'n neis fel yr oedd hi'n mynd drwy'r dŵr.

Dafydd: Wedyn dyna i ti'r *Fame*; yn Llys Hyfryd, Rhiw ma' honna. 'Di ddim wedi bod allan ers tipyn o flynyddoedd.

A dyna'r *Glen*, mae honna'n hwylio yma rŵan. Wedi cael ei hadeiladu'n Nhudweiliog gan John Hughes, y Rhos. Mi oedd hi wedi bod yno'n sefyll am flynyddoedd, yn hongian ar ben y garej.

Douglas: Ia, mi welis i hi yno hefo'i bol i fyny.

Dafydd: Mi fuon ni'n holi amdani hi, ac mi gynigiodd o hi i'r pwyllgor yn rhad iawn a deud y gwir. Cwch clyfar ofnadwy.

Kitty. Mae honna yn Nhudweiliog rŵan. Dwi'n cofio honna'n dŵad allan yn newydd hefyd, tua'r un amser â'r *Betty*. Gan Ifan Hendra oedd hi 'de, cwch Llanllawen Bach oedd hi i ddechra.

Wedyn y *Lora*, cwch Gwelfor, Tudweiliog ynde. Mi fuodd yn hwylio yma am flynyddoedd yn do... mae hi'n dal i fod yno ganddyn nhw.

Marian, dwn i'm o lle ddaeth honna. Yn Ffatri, Pencaerau mae hi ynde? Cwch wedi i Guto ei phrynu a'i gwneud i fyny.

Nellie, cwch John Bodlondeb a William Jones, ei dad o, cynt.

Douglas: Mi driodd John yn galed hefo hi'n do.

Dafydd: *Annie*, gan Huw Tŷ Fry ac wedyn gan Guto ei fab – mi fuodd honna'n cwilla ac yn hwylio.

Douglas: Dwi'n cofio 'rhen Guto ryw dro yn pwyso ar yr *Annie* yn Borth. Argoledig, wyddost ti be; mae hon wedi dal cimychiaid. Tasat ti'n 'u peilio nhw ar ei gilydd fel'na, mi fasa'r doman gymaint â Mynydd Anelog cofia. Dyna i ti ddeud, ynde.

Dafydd: A dyma i ti'r *Orion*, Cae Mur, Aberdaron ynte. Mi fu Gwilym Garreg Fawr yn cwilla hefo hi am flynyddoedd, do?

Pilgrim, dwi'm yn siŵr lle mae honna rŵan.

Douglas: Gan Idwal, Rhiw oedd hi ynde? Dwi ddim yn ama nad ydi hi gan y teulu ym Mhwllheli o hyd. Mi fues i yn ei hwylio hi ar un adeg. Mi oedd hi'n rhy fyr 'sti, fel tasa hi'n neidio yn yr un twll drwy'r adeg.

Dafydd: Wedyn mae gen ti'r *Realm*. Mae honna yn Nefyn rŵan. Cwch Henry Defi oedd hi 'de Mi fu yn Enlli ar un adeg.

Wedyn mae'r *Swan* ar hyn o bryd yn Erin, Aberdaron... mae honna'n un o'r cychod hynaf sydd yma. Mi fuodd hi gen i am 28 mlynedd. Adeiladwyd hi yn Enlli, wedyn mi fu gan Robat Grepach cyn i Owi Cae Hic ei phrynu hi a'i hwylio hi am flynyddoedd. Mi gwerthodd o hi i rywun o Sir Fôn. Ymhen rhyw bymtheng mlynedd mi benderfynais i fynd i chwilio amdani 'achan. Mi ddeudodd rhyw foi yn iard gychod Biwmares wrtha i ei fod o wedi bod yn gweithio ar ryw hen gwch clincar flynyddoedd ynghynt i ryw ddynas o Bentraeth ac mi roddodd ei henw i mi. Mi ges i afael arni drwy'r llyfr ffôn ac mi oedd y cwch yno yn sefyll yn y cae ers blynyddoedd. Mi es yno a'i phrynu hi a dod â hi'n ôl i fa'ma. Heb swnio fel taswn i'n brolio gormod ynte, ond mi enillis bencampwriaeth Bae Aberdaron dair ar ddeg o weithiau hefo hi. Mae honna yn record go lew, yn tydi?

Douglas: Cyn i mi gael cwch ynde... [dan ei wynt, gan chwerthin yn bryfoclyd].

Dafydd: *Anelog*, yn Parc, Garnfadryn mae hi. Tydi ddim wedi cael iws ers i ni golli Elwyn. Colled fawr i'r clwb oedd hynny.

Wedyn mae'r *Wennol* – Craigmor, Aberdaron ydi'r cownt dwetha 'sgin i ohoni.

A dyna i chdi'r *Catherine* – yn Swyddfa'r Post, Tudweiliog oedd honno. Merch John Thomas adeiladodd hi ynte, dyna pam y'i galwyd hi'n *Catherine*, ma' siŵr. Mi fydd honna'n hwylio'r tymor nesa 'ma, rŵan.

Jane, Plas Ffordd, Aberdaron. Dyna i ti un o'r hen, hen gychod. Mae hon yn hŷn na'r *Swan* a phob un arall sy' 'ma.

Wedyn y *Lun* – Gruffydd Evans, Tan Fron, Anelog, fildiodd honna.

Y *Kent* – mi fasat ti'n medru mynd ymlaen am wythnosau'n sôn am y *Kent*, dwi'n siŵr. Mi brynis i a John, Plas Minffordd, hi. Mi oedd Jeff Cadlan wedi boddi hefo hi doedd. *Lone Star* oedd ei henw hi gynno fo ynde, mi oedd o wedi newid ei henw hi... mae'n beth anlwcus newid enw cwch, yn tydi. Dwi ddim yn cofio llawer amdani yr adeg hynny achos mi oedd o'n ei chadw hi tua Porth Cadlan yna, yn doedd.

Gwenlli – ym Moryn, Pwllheli. Gen ti oedd hon, ynte?

Douglas: Mi oedd hi wedi cael ei bildio gan Guto Cil [Gruffydd Hughes]. Ew, mi oedd o wedi gwneud gwaith neis arni hi. Mi oedd o wedi gwneud model bach ohoni i ddechra, modfedd i'r droedfedd ynte. Ew, mi oedd hi'n berffaith yn toedd? Welis i ddim byd erioed cyn ddelad â'r model bach hwnnw.

Dafydd: *Y Wylan*, o Bwllheli y daeth hi yma, a Dewi Alun 'ma wnaeth ei phrynu hi. Lle roedd hi wedi bod cynt, dwi'm yn siŵr. Gan rhyw foi o Benrhos dwi'n ei chofio hi.

Douglas: Defi Lloyd oedd o?

Dafydd: Curly ne' rwbath oeddan nhw'n ei alw fo.

Douglas: O duwch ia, mi oedd hi gan Defi Lloyd cynt.

Dafydd: Mi fydda'n llnau ffenestri a ballu yn bydda.

Douglas: Na, hefo'r drol faw oedd Defi Lloyd ynte? Wedyn mi brynodd Curly hi. Dwn i'm lle cafodd Dafydd Lloyd afael arni, ond John Thomas gwnaeth hi.

Dafydd: Mae'n gwch llydan, clyfar yn tydi. Mae 'na *Gwylan* ac *Y Wylan* yn toes. Mae *Gwylan* yn Tudweiliog, tydi?

Wedyn mae *Briallen*, mi fuodd hi gan Gwilym Hughes, Noddfa – gan Neville, Rhyngddwyborth y prynodd o hi 'te. Mi fuodd o'n i hwylio hi am flynyddoedd cyn ei gwerthu hi i Eifion, Efail y Rhos. Mae hi'n dal i fynd... mae hi gan John Bwlchffordd. Wel diawch, ŵyr John Thomas, ynde? Mae honna wedi gwneud cylch a mynd yn ôl adra, yn tydi?

Y Cadi – Clwb Hwylio Aberdaron bia hi rŵan. Wedi dechra ei bywyd gan John Pierce yn 'sgota allan o Borth Colmon. Wedyn mi brynodd Emyr, Tudweiliog hi, do, a'i gwneud hi'n gwch hwylio. Mi fuodd hi gan Tony'r Eifion wedyn, a fo roddodd hi i'r clwb hwylio.

A dyna i ti'r *Lisi*. Dwi'n meddwl mai hon oedd hen gwch John Tŷ Lôn o Ynys Enlli. Yn Llecyn,

Pengroeslon, mae hi rŵan. Mi aeth oddi yma i Drefor ar un adeg ac ymlaen wedyn i Gaernarfon. Mi fuodd yn yr harbwr fan'no a'i thraed i fyny am flynyddoedd. Mi gwelis i hi yno a dod â hi 'nôl i fa'ma ac mi wnaeth cyfaill i mi hi i fyny i'w hwylio.

Esyllt, cwch wedi ei hadeiladu allan o gêl rhyw hen long hwylio ym Mhorthmadog 'di honna.

Douglas: Ew, dim rhyfadd 'i bod hi'n drwm.

Dafydd: *Sion*, Gwar Llyn, Tudweiliog. Mi fu Eurwyn yn 'sgota a hwylio hefo hi'n do. Mae hi wedi darfod erbyn rŵan, medda rhywun.

Daron – yn Gwar Llyn oedd honna hefyd.

Wedyn, mae ganddon ni *Ann*, mae honna yn yr Amgueddfa yng Nghaerdydd, neu yn Abertawe erbyn rŵan, ma' siŵr. Cwch pwy oedd honna, dŵad?

Douglas: Huw, Glandaron, dwi'n meddwl.

Dafydd: Ia, fo oedd pia hi hefyd, dwi bron yn saff. A dyna i ti ryw fraslun o hanes rhai o'r hen gychod. Mae 'na rai eraill o gwmpas yn dal i gael eu defnyddio i 'sgota a ballu.

Mae Eric, Tŷ Capel, wedi gwneud cwch yn tydi. Hwnna ydi'r mwya diweddar sy' 'ma rŵan, ynde. *Arianrhod*, ynde.

Mi glywais i hanes 'rhen John, Tir Glyn, ers talwm – fydda fo ddim yn cysgu'r noson cyn Rigeta. Toedd o ddim yn byw fawr iawn o Borth yn nag oedd? Mi fydda'n cerdded yn ôl ac ymlaen i lawr yno drwy'r nos.

Douglas: Iechydwriaeth!

Dafydd: Dwn i'm 'ta nyrfys 'ta ofn i rywun wneud rwbath i'r cwch oedd o.

Ga i ddeud stori bach wrthat ti rŵan? Mi fydda 'na ras yn y bora a ras yn y pnawn ers talwm, yn bydda,

ac mi fydda pawb yn mynd i'r lan yn Borth i gael
cinio, yn bydda. Mi oedd Derek hefo ni... Sais wrth
gwrs. Hen foi iawn – mi fuodd yn hwylio hefo ni am
flynyddoedd. Mi oedd 'na giang ohonon ni'n ista ar y
slip yn Borth, a Gwilym Garreg Fawr yno hefo ni –
fo fydda'r dyn resciw, ynte. Ar ôl cinio dyma Gwilym
yn dechra rowlio sigarét, dim ond papur oedd hi jest.
Rŵan, mi oedd Derek ded yn erbyn smocio 'sti.
Dyma Gwilym a thân ar y sigaret, dyma 'na fflach ac
mi oedd ei hanner hi wedi mynd cyn iddo fo gael
pwl arni hi. Wel dyna fo'n dechra tynnu arni hi a
wedyn dechrau pesychu yn y modd mwya ofnadwy,
'sti.

'*Look here Gwilym*,' medda Derek, '*you will have to
give up them cigarettes*.'

'Duw annw'l, *it would be a shame to die healthy*,'
'achan,' medda Gwilym wrtho fo.

Douglas: [ar ôl iddo lwyddo i stopio chwerthin] Dew, mi fydda
'na sbort i'w gael rhwng dwy ras yn bydda. Dwi'n ein
cofio ni'n dod lawr yn un clwstwr am fwi y Wîg yn
fan'na. Dyma floedd, rwbath yn gweiddi o'r tu ôl.
'Hardbôrd!' medda fo. Huw Congol Cae oedd o
ynde, wedi clywed rhywun yn gweiddi '*starboard*' tua
Abersoch 'na oedd o ma' siŵr 'de.

Dafydd: Mi fydda i'n meddwl lot am Gwilym Noddfa wedi
cael hwylia newydd ac yn 'u dangos nhw i Guto Pen
Maes ryw noson. Mi oedd o wedi agor yr hwyl allan
a dangos rwbath fel ffenast fawr neis yn'i hi i Guto.
Duw, doedd Guto yn dallt fawr ddim am hwylio 'sti,
nag oedd?

'Yli, ffenast a pob dim yn'i,' medda Gwilym.

'Duw, handi,' medda Guto, 'mi weli di pawb yn dy
basio di.'

Douglas: Ia duwch, creulon 'de.

Dafydd: Mi ydw i'n cofio Randal ac Eddie yn cychwyn allan

o'r Borth yn y *Mona*. Mi oedd Randal wedi mynd i'r cwch ac Eddie yn dal ar y lan. Dyma sgolan o wynt yn dŵad a dyna'r cwch allan – a Randal ynddo fo heb ddim llyw na dim. Dyna lle roedd o'n sefyll ar ei draed ac yn gafael yn sownd yn y mast a'r cwch yn mynd am y graig. Y cwbwl glywson ni oedd Randal yn gweiddi, 'We! We!'

Dew annw'l, mi fasan ni'n medru mynd ymlaen am wythnosau, yn basan?

Douglas: Basan neno'r tad.

Dafydd: Wyddost ti be? I mi mae rigio cwch a'i gael o'n barod yn gymaint o bleser â'i hwylio fo... mi fydda i wrth fy modd yn gwneud 'sti. 'Mi beinti di gwch ond pheinti di mo'r tŷ ma,' fydd fy ngwraig yn ddeud wrtha i.

Ew, mi weithiodd Sam a Guto Cae Mur ac amryw o rai eraill yn galed ar y ganolfan newydd 'ma.

Douglas: Wannw'l, do.

Dafydd: Wyddost ti, mae lle fel hyn yn gredit i'r hogia 'ma, am lwyddo i'w gadw fo i fynd, ynde. Mae 'na lot o betha'n mynd ymlaen yma gyda'r nos – gwersi Cymraeg a rhyw gyfarfodydd a phetha felly. Mae 'na ganu yma unwaith yr wythnos yn yr haf, 'toes.

Rwbath local iawn i'r pen yma ydi'r Rigeta 'ma ynde. Fy hun ynde, dwi ofn gweld y cychod modern yn cymryd drosodd yn ara deg. Dyna dwi ofn, am y

rheswm fod 'na waith cadw ar yr hen gychod pren
'ma, a toes 'na ddim llawer o neb fedar wneud
chwaith, nag oes. Wyddost ti be dwi'n feddwl?

Douglas: Dim gwaith saer ydi bildio cwch... mi fedar saer
wneud gwaith coed ond mae bildio cwch yn beth
arall yn tydi.

Dafydd: Mi ydw i y saer coed sala welodd neb erioed, ond mi
fedra i wneud lot o betha i gwch ynte. Mae pobol fel
chdi a fi isio'i gadw fo i fynd yn ofnadwy, tydan, ond
ydi'r bobol ifanc yr un mor awyddus?

Douglas: Maen nhw isio sbîd yn does. Tydyn nhw ddim yn
lecio rhyw hen drol yn nac'dyn. Y dyfodol... fedra i
ddim deud, ond mae 'na olwg dda ar betha, chwara
teg, gan fod y clwb wedi prynu cychod rŵan.

Dafydd: Wel, mi faswn i'n deud bod y Rigeta wedi bod yn
rhan fawr o fywyd Aberdaron dros y can mlynedd
diwetha 'ma ynde.

Ar ôl treulio gyda'r nos hynod ddifyr yng nghwmni Dafydd
a Douglas edrychwn ymlaen yn eiddgar i gael ffilmio'r ras y
bore canlynol. Gwawriodd bore Sadwrn yn berffaith ar gyfer
hwylio ac anelais drwyn y car am Gwt Hysh Hysh. Edrychai
Bae Aberdaron ar ei orau, dim crych ar y dŵr bron, ac awel
fach ysgafn o'r de. Roedd aelodau'r pwyllgor wedi cyrraedd
yn barod a chwifiai'r ddraig goch yn yr awel uwchben y
ganolfan. Dyna'r arwydd fod ras i gael ei chynnal y diwrnod
hwnnw.

Hefo'r camera dan fy nghesail, i lawr â fi i'r traeth i ddisgwyl
am John, Bryn Goronwy, i ddod draw o Borth Meudwy yn y
cwch achub i'm casglu. Dros y graig, gwelwn dopiau'r hwyliau
yn dod allan o'r Borth. Rhyw hanner dwsin ddaeth allan y
bore hwnnw. Mi ydw i'n cofio cymaint â deunaw yn rasio yma.
Ond fel'na mae pethau i'w gweld yn digwydd yma – y nifer i
lawr un flwyddyn ac i fyny'n ôl y flwyddyn wedyn. Ar ôl i John
lwyddo i gael y camera, wel, a finnau a dweud y gwir, i mewn
i'r cwch achub yn sych, i ffwrdd â ni i ganol yr hwylwyr. Gan

mai wedi arfer cystadlu oeddwn i, dyma'r tro cyntaf i mi gael y cyfle i fwynhau gwylio'r ras. Chwarddodd John yn braf pan welodd fi'n neidio ar daniad yr ergyd i gychwyn y ras. Doeddwn i ddim yn ei disgwyl, am unwaith.

Ar ôl yr ergyd bu tawelwch. Dim ond sŵn yr awel ysgafn yn yr hwyliau a'r cychod yn torri drwy'r dŵr oedd i'w glywed. Allwn i ddim peidio â meddwl fod y *Swan* yn enw perffaith ar un o'r cychod yma, mor osgeiddig yr edrychent yn nofio'n dwyllodrus o gyflym yn nhawelwch y bae. Dim *'lee-oh'*, *'gybe-oh'* na *'starboard'* i'w glywed yma, na hyd yn oed 'hardbôrd' fel y clywodd Douglas. Efallai mai dim ond hanner dwsin o gychod a groesodd y llinell gychwyn y bore hwnnw, ond roedd un cwch newydd yn cystadlu yn eu plith, ac un arall yn llawn o blant yn hwylio gyda'u tad, oedd yn galondid mawr.

Fyddwn i byth yn disgrifio fy hun fel 'person camera' ond mae'n rhaid i mi gael brolio'r lluniau a gefais y diwrnod hwnnw. I John mae'r diolch a dweud y gwir, am fy rhoi yn y mannau iawn ar yr adegau iawn. Chwech o gychod hwylio yn dod yn syth amdanom, ond llwyddai John i symud o'u llwybr eiliadau'n unig cyn trychineb bob tro.

Erbyn canol y ras roedd *Arianrhod* (y cwch newydd) ymhell ar y blaen. Diawch, meddyliais, dyma stori'n datblygu. Ond o'r eiliad honno dechreuodd ei mantais fynd yn llai ac yn llai. Edrychai'n union fel petai un o'r cychod eraill yn ei thynnu'n ôl tuag atynt hefo rhaff.

Hanner canllath o'r diwedd gallech fod wedi taflu planced dros y cyfan, roeddynt mor agos â hynny. Yn ystod eiliadau olaf y ras datblygodd stori arall. Croesodd y cwch llawn plant y llinell yn gyntaf, ac ar ôl yr ergyd o Gwt Hysh Hysh roedd yr *high five* rhwng y tad a'r mab yn ddiwedd perffaith i'r ras – ac ar ffilm.

Yn ddiweddarach cefais gyfle i sgwrsio gydag ambell un oedd yn berchennog ar, neu oedd â chysylltiad hefo, rhai o'r cychod.

G. O. Jones (Guto Ffatri)

Marian ydi enw cwch Guto, ond wyddwn i 'mo hynny am flynyddoedd a dweud y gwir, gan mae fel 'y cwch Tai 'Refail 'na' y cyfeiriai pawb ati. Plentyn oeddwn i pan ddechreuodd Guto hwylio yn y bae, ac mae'n dal wrthi yn llwyddiannus iawn. Mae llawer o'r cychod yma wedi eu henwi ar ôl gwragedd neu ferched y perchnogion. Bûm yn pendroni'n hir ac yn holi am berthynas i Guto o'r enw Marian. Gofyn iddo fu raid yn y diwedd ac roedd yr ateb yn fwy syml na'r disgwyl. Rhywun arall oedd wedi prynu bocsaid o lythrennau i osod enw ar ei gwch ac roedd y llythrennau oedd ganddo'n weddill yn sillafu'r enw 'Marian'.

Newydd orffen atgyweirio'r *Betty*, cwch ei deulu yng nghyfraith, oedd o pan alwais i draw yno am sgwrs.

Cwch Bryn Goronwy, Uwchmynydd, ydi hon. Mi ydw i wedi rhoi 'senna newydd ynddi, a thrwsio plancia a ballu. Ei gwneud hi i fyny ynde, a'i hail beintio hi wedyn. Job gostus iawn, ac araf, yn tydi. Mae hi wedi bod yn hwylio yn y gorffennol... mi enillodd un ras flynyddoedd yn ôl. Mi fysan nhw'n pydru ar un waith 'taech chi'n eu gadael nhw allan. Toes 'na ddim llawer yn mynd i adeiladu rhai fel hyn byth eto, nag oes?

Morfudd Parry Roberts

Nid y dynion yn unig sydd yn forwyr profiadol ym mhellafoedd Llŷn. Ychydig ar ôl gadael yr ysgol aeth Morfudd Roberts i bysgota gyda'i thad yn yr *Annie*. Teimlwn yn freintiedig iawn o gael gwahoddiad i'w chartref yn Nhŷ Fry, Uwchmynydd, i wrando arni'n adrodd peth o'r hanes.

Gadael yr ysgol yn un ar bymtheg oed wnes i a, duwch, ymhen ychydig mi ddatblygodd fy nhad glefyd siwgwr. Mi fydda'n diodda dipyn hefo fo, yn pasio allan a phetha felly, a dyna benderfynu fy mod i yn mynd allan ar y môr hefo fo. Toeddwn i ddim llawer o isio mynd, mi oedd bod ar y môr am naw awr bob dydd heblaw dydd Sul yn beth ofnadwy i hogan ifanc yr oed yna. Mi oeddwn i'n blino yn ofnadwy weithia, tempar ddrwg arna i'n dod adra a ballu. Ond dyna fo, mynd wnes i am un mlynedd ar ddeg.

Mi fydda 'Nhad yn pysgota ac yn hwylio yn y Rigeta hefo'r *Annie*. Yr *Annie* fydda'n ennill yn aml iawn hefyd.

Fy ngwaith i fydda pigo crancod ynde, a rhoi bandiau ar y cimychiaid, wedyn hel yr abwyd yn barod iddo fo. Toedd hi'n job debyg i ddim. Mi oeddwn i'n casáu mynd a deud y gwir, casáu'r tywydd oer a chasáu mynd ar fy mhen-gliniau i gysgodi rhag y tywydd mawr.

Doedd fiw i chi sôn am faint o gimychiaid oeddach chi wedi eu cael... cadw'n ddistaw. Mi oeddach chi'n cadw'n ddistaw am lot o betha roeddach chi'n 'i weld ar y môr, ynde.

Mae hanes cysylltiad y teulu a'r môr yn mynd yn ôl yn llawer pellach. Mi oedd yna hen ewyrth i fy mam, Harri Parry oedd ei enw fo. Mi oedd ganddo fo long fechan yn cario gwahanol bethau o Aberdaron i Gaergybi a phellach. Mi oedd 'na ryw gloch yn cael ei chadw i fyny'r grisia o'r golwg. Pan fydda rhywun yn holi amdani, 'Paid â twtshiad honna, tydi hi ddim i wneud hefo chdi,' fyddai ateb Mam bob tro.

Galwodd rhywun o Sir Fôn i holi am y gloch un tro, ond gwrthododd Mam sôn amdani. Finna wedyn yn holi pam.

'O, môr-leidr oedd Harri Parry, ac mi oedd o wedi dwyn honna oddi ar long o Ffrainc,' oedd yr ateb.

Doedd Mam ddim isio sôn am ei enw fo ynte, ond mi fydda fo a'i gi yn hwylio ym mhob math o dywydd. Beth bynnag, mae'r gloch i lawr grisia yn y golwg erbyn hyn.

Dyma i ti stori nad ydw i wedi 'i deud wrth neb erioed... dim ond fi a 'Nhad oedd yn gwybod am hyn. Mi oeddan ni yn mynd i lawr am Borth Neigwl, yn fan'no roeddan ni'n cael ein cinio. Y diwrnod hwnnw mi oeddwn i wedi dechrau chwilio am fy mwyd a phetha felly, a dyma 'Nhad yn neidio am yr injan Seagull a'i stopio hi hefo'i ddwylo, 'lly. Dyma finna'n gweld llwyth o wylanod yn dod yn nes ac yn nes.

'Dos ar dy ben-gliniau ar lawr,' medda 'Nhad.

'I be?' medda fi.

'Dos i lawr rŵan!' medda fo wedyn.

Dyma'r injan yn stopio, a hefo popeth yn hollol dawel mi aeth ynta ar ei ben-gliniau yn nhu ôl y cwch. Mi welais i'r pysgodyn yma'n dŵad.

'Paid â symud dim,' medda 'Nhad.

Mi ddaeth y pysgodyn at y cwch, a phan gyrhaeddodd ei ben o flaen y cwch, lle roeddwn i, mi edrychais i fyw ei lygaid o. Pan basiodd ei ben o mi oedd ei gynffon yn dal y tu ôl i'r cwch. Erbyn gweld, *basking shark* oedd o, toedd o ddim yn beryg. Wnae o ddim b'yta rhywun. A dyna stori fy mhysgodyn mawr i. Tydw i ddim wedi sôn dim wrth neb o'r blaen.

Toedd hi'n job galed galed yn toedd, caled iawn. Fuaswn i ddim yn ei wneud o eto.

Wil Evans

Mae'r *Lun* yn cael ei chadw'n barchus, ac yn bwysicach byth, yn sych o dan do gan Wil ers rhai blynyddoedd bellach. Mae'n un o nifer o gychod a adeiladwyd gan Gruffydd Evans, ei dad.

'Nhad adeiladodd hi, a ninna, 'rhen fois acw, yn helpu, 'lly. Yn gynnar yn y saith degau oedd hi, tua saith deg dau ffor'na. O Hendre Bach ddaeth y coed, lartshan heb eu plaenio, dim ond wedi eu llifio ynde. Wedyn 'Nhad yn plaenio yn ystod y dydd a ninna'n plancio gyda'r nos wedyn. Ia lartshan ydi hi i gyd, 'senna a pob dim. Dim ond plaen, cŷn a morthwyl oedd ei angen wedyn, ynde. Rhyw fis gymeron ni i'w gwneud hi – mi gafodd hi ei hadeiladu'n arbennig ar gyfer hwylio. Mi fûm i a Douglas yn ei hwylio hi am bymtheng mlynedd, ma' siŵr. Mae'n dal mewn cyflwr champion – gorfod i mi roi tofftia newydd ynddi hi rai blynyddoedd yn ôl. Mae wedi para yn ddiawchedig o dda, yn tydi, ac mi barith yn hir iawn eto hefyd, dim ond edrych ar ei hôl hi, ynte.

John Rhys Jones

Ar ôl teithio hyd a lled Llŷn mae *Briallen* bron â chyrraedd yn ôl gartref gan fod John Thomas a'i hadeiladodd yn daid i John Rhys.

Cefais y pleser o'i hwylio lawer gwaith gan iddi fod yn eiddo i 'Nhad am flynyddoedd lawer.

Maen nhw'n dweud fod gan John Rhys dros gant o

gychod – y cyfan heblaw rhyw ddau ohonyn nhw yn gychod gwenyn.

Taid gwnaeth hi mewn rhyw ugain diwrnod ym mis Chwefror 1947. Mi ydw i ar ddallt mai i Sion Tŷ Rhent, sef taid y gantores Duffy 'na, y gwnaeth o hi. Wedyn mi gwerthodd o hi i Jac Fronallt a Sion Bach, Mur Llwyd, Rhoshirwaen. Mi fuon nhw'n cwilla chydig hefo hi allan o Borth Colmon cyn ei gwerthu i'm hewyrth. Mi brynodd Gwilym Hughes, Noddfa, hi wedyn, a fo wnaeth hi'n gwch hwylio. Gan Eifion Jones, Efail y Rhos, y bu hi wedyn, a chanddo fo y prynais i a'r ciaptan Gruffydd Richard Williams hi. Hi 'dan ni'n redeg yn y Rigeta 'ma rŵan.

Rhyw ddal i ddysgu gan bobol sy'n dallt ydw i 'de, dim ond dal llinyn a chymryd ordors gan rai sy'n dallt. 'Sgin i ddim uchelgais am wn i, dim ond ennill ambell dro fysa reit neis. Cael rhyw sbort, tynnu coes a phryfocio ydi'r prif beth ynte. Tydi ennill ddim yn bwysig... cadw'r hen draddodiad i fynd ydan ni ynte. Mae hi'n felyn llachar am mai dyna oedd y lliw ddaeth allan ar ôl cymysgu'r tuniau paent oedd ar ôl... mor syml â hynny, tydi. Mae isio bod yn wahanol hefyd toes, mae'r lleill i gyd yn glaer wyn, yn tydyn?

Mi fydda Taid yn adeiladu dau neu dri o gychod bob blwyddyn, bydda. Ffiws go fyr oedd ganddo fo – mi fydda Mam yn ei helpu fo ac mi fydda fynta'n gwylltio hefo hi os na fydda hi'n dal y petha'n iawn wrth rifetio a ballu ynte.

Mi barith y Briallen yma am flynyddoedd lawer eto'n gwneith. Mi fydd hi'n dal i fod yma ar ôl i mi fynd ma' siŵr, yn bydd.

Eric Hughes

Dyma i chi ddyn fentrodd fynd ati i adeiladu cwch yn ddiweddar iawn. Roedd wedi astudio llawer ar y llyfr bach cyn dechra, medda fo. Chefais i wybod dim llawer mwy am y 'llyfr bach' chwaith. Llyfr bach clyfar ofnadwy dwi'n

siŵr, gan fod gwaith cywrain iawn wedi ei wneud ar yr *Arianrhod*.

Wel, mi oeddwn i wedi bod yn hwylio hefo Guto ac amryw o rai eraill yn y bae 'ma, ac isio cwch fy hun erbyn hynny. Mi oedd 'na gwch ar werth ym Mhwllheli, a'r dewis oedd prynu honno neu wneud un. Pasio i wneud un wnes i. Y peth cyntaf i'w wneud oedd dod o hyd i goed – dyma ffonio yma ac acw, ac yn y diwedd mi ddois i ar draws rhai yn Llanuwchllyn. Ar ôl i'r coed gyrraedd mi gadewais nhw i sychu am rhyw naw mis... ella y dyliwn i fod wedi eu gadael nhw i sychu mwy. Mi fysa hi wedi bod yn llawer rhatach i mi fod wedi prynu'r cwch ym Mhwllheli na gwneud hon, ynde.

Mae 'na hwylwyr reit dda yma, ynde. Mae pawb yn lecio ennill yn tydyn, ac mi faswn innau yn lecio ennill, yn baswn. Amser a ddengys. Os y digwyddith o, ymhen blynyddoedd y bydd hi. Y broblem ydi fod y cwch yn ifanc a finna'n hen.

Mae 'na ddywediad reit dda yn Saesneg am yr hen ffidil, yn does?

Yn 1989 cefais y cyfle i wneud cyfres o raglenni byr i S4C ar rai o gychod traddodiadol arfordir Cymru. Yn naturiol iawn, cychod Aberdaron oedd uchaf ar y rhestr. Bûm yn ddigon ffodus i gael y diweddar Aled Eames i sgwrsio gyda thri a oedd wedi adeiladu eu cychod eu hunain. Yn drist iawn, gallwn ddefnyddio'r gair 'diweddar' o flaen enwau'r tri rheini erbyn hyn hefyd.

Vaughan Jones

Gofynnodd Aled iddo sut a pham yr aeth ati i adeiladu'r *Awel* yn y lle cyntaf.

Mi oedd gen i gwch, ond mi oedd o wedi mynd yn hen ac angen ei adnewyddu o. Hen gwch lleol traddodiadol oedd o. Dyma benderfynu gwneud fframiau gan ddefnyddio hwnnw fel patrwm a gwneud cwch newydd fy hun, ynde. Lartshan wnes i ddefnyddio i'w adeiladu, ac mae'r planciau i gyd yn un darn hir. Mi ddefnyddiwyd 1,658 o hoelion copor ac mi gostiodd y cyfan – coed, hoelion a phopeth arall – wyth deg o bunnoedd. Mae'r meibion yn dod i hwylio hefo fi, nhw ydi'r criw rŵan.

Mi oedd ennill y ras gyntaf hefo'r cwch yn wefr ofnadwy gan ei bod wedi cymryd tair blynedd i hynny ddigwydd.

Soniodd Vaughan ddim am iddo ennill pencampwriaeth Bae Aberdaron nifer o weithiau hefo'r *Awel*. Hawdd iawn y gallaf gredu fod ennill ras mewn cwch wedi i chi ei adeiladu eich hun yn deimlad arbennig iawn.

Gruffydd Hughes

Dyma i chi grefftwr. Mi glywais nifer yn dweud fel yr hoffent gael y model a wnaeth o'r *Gwenlli* cyn dechrau ei hadeiladu – a finna'n un ohonyn nhw. Perffaith ydi'r unig air y gellir ei ddefnyddio i'w ddisgrifio. Eglurodd sut yr aeth ati i ddechrau ar y gwaith.

Wel, i ddechrau, roedd yn rhaid gwneud *half model*, fel yr oedd yr hen bobol ers talwm yn ei ddefnyddio. Wedyn, defnyddio hwnnw i gael y patrwm i wneud y fframiau.

Gwneud y model wnes i wedyn, mae hwnnw yn fodfedd a hanner i'r droedfedd, ynde. Un ar ddeg o blanciau sydd bob ochor, a'r cêl yn syth, ynde. Gwneud y cêl gynta, wedyn y bow a'r *transom* ac yna gosod y fframiau ar y cêl, ynde. Dechrau plancio o'r gwaelod i fyny wedyn – planciau ffawydd gwyn wnes i 'u defnyddio, ar 'senna derw ynde.

Catherine M. Jones

(merch John Thomas)

Cafodd Aled Eames sgwrs hefo Catherine Jones tra oedd yn pwyso ar gwch o'r enw *Catherine* y tu allan i'r ganolfan hwylio.

Mi fydda 'Nhad, fy nhaid a'm hen daid yn adeiladu cychod. Saer ar y llongau oedd fy nhad adeg y rhyfel. Wedyn pan oeddwn i'n saith oed fe aethon ni i fyw i Enlli am saith mlynedd. Ar ôl dod o Enlli y dechreuodd o adeiladu'r rhan fwya o'i gychod, i mi gofio. Does gen i ddim cof iddo wneud un yn Enlli o gwbwl, 'te. Y fi fydda'n ei helpu fo, fi fydda'n stemio coed plygu a ballu, a rargian fawr, os bydda un yn torri mi fydda gofyn i mi fynd am fy mywyd. Mi oedd 'na rwbath yn bod ar lygad 'Nhad ychi, mi fydda honno'n wincian, 'lly, ar adegau. Yr adeg hynny mi fydda gofyn i mi fynd neu w'rach y bydda'r morthwyl ar fy ôl i! Mi oedd ganddo fo dipyn o dempar pan fydda rwbath yn mynd o'i le, fel rhyw blanc yn cracio ynde. Mi ddo' i'r tŷ wedyn yn chwerthin yn braf.

Mae gen i feddwl mawr o'r cwch yma... mi ydw i wedi bildio lot ar hon. Wel, bron i gyd am wn i, ar wahân i osod y rimiau – fo fydda'n gwneud hynny. Ia fi gwnaeth hi, ym

Mhwllwgwr 'de. Mi oeddwn i'n methu'n glir â meddwl am enw iddi'n de. Yn y diwedd, dyma roi fy enw fy hun arni.

Ydi, mae Rigeta Aberdaron yn wahanol, a diolch am hynny. Welwch chi ddim welintons melyn na *blazers* nefi blŵ lawr yn y Borth ar fore ras. Mi fyddech yn fwy tebygol o weld ofarôls a welintons du yn blastar o ddail gwartheg... a chlywed digon o herio a thynnu coes.

Ond peidiwch â chael eich camarwain gan yr hwyl a'r miri; unwaith y bydd yr ergyd i gychwyn yn cael ei thanio, mae pawb o ddifrif. A choeliwch fi, mae 'na hwylwyr da iawn yma.

Dwi'n credu bod dyletswydd mawr ac anodd ar ysgwyddau'r criw ifanc i gadw'r hen draddodiad i fynd.

G. C. Jones (Guto Cae Mur)

Allwn i ddim gadael Porth Meudwy heb sôn am Guto. Dyna i chi gymeriad. Roedd pawb yn adnabod Guto a chlywais i neb erioed yn dweud yr un gair drwg amdano. Mi ydw i'n siŵr na wna i bechu neb drwy ddweud mai i mi, fo oedd prif gymeriad y Borth; mor barod ei gyngor a'i gymwynas bob amser.

Byddai'r Borth yn gallu bod yn lle digon di-drefn ar fore Rigeta, nes clywid sŵn y Ffyrgi bach yn dod i lawr y ffordd. Byddai Guto'n cyrraedd ac yn edrych yn gawr o ddyn ar sedd y Ffyrgi. Ond nid sedd oedd hi mewn gwirionedd. Roedd honno wedi hen gancro a diflannu. Roedd Guto wedi gwneud rhyw batant fel mainc lydan hefo planc o bren i eistedd arno – digon o le i dri person cyffredin, ond dim ond digon o le i Guto ac un bychan arall efallai. Oedd, roedd o'n foi am batant.

Roedd Ffyrgi arall yn y Borth: y tractor cymunedol. Byddai pawb yn talu ei siâr am gael ei ddefnyddio, a Guto fyddai'n edrych ar ei ôl – i Gae Mur yr âi o dros y gaeaf i gael ei dacluso a'i drwsio. Roedd yr hen dractor wedi mynd i dipyn o oed a'r offer gwreiddiol i'w danio wedi

nogio ers blynyddoedd... ond mi oedd 'na batant. 'Pwysa hwnna a halia yn hwnna yr un pryd' oedd y cyngor, ac 'o ia, gwthia hwnna hefo'r llaw arall' yn ogystal. Diawl, dwylo bychan sydd gen i, i gymharu â'r rhawiau oedd ganddo fo. Tasg gymhleth iawn oedd cychwyn yr hen dractor, ond credwch fi, roedd ei stopio yn fwy cymhleth byth. Wedi dweud hynny, fu ei stopio erioed yn broblem i mi gan na wnes i erioed feistroli'r grefft o'i danio.

Ar ôl cyrraedd y Borth a chadw ei fag bwyd cerddai o gwch i gwch yn sgwrsio hefo hwn a'r llall.

'Be mae'r tywydd am ei wneud heddiw, Guto?' fyddai'r cwestiwn cyntaf yn aml.

'Am chw'thu mae hi; mi oedd 'na ryw hen flew geifr yn yr awyr 'na neithiwr,' glywais i yn ateb fwy nag unwaith.

Deuai draw ata i, pwyso ar ochr Y Wylan a chynnig cyngor fel 'watsia'r dŵr werad 'na gyda'r traeth,' neu 'mi

fydd 'na lanw ar fwi Swnt Bach 'na ymhen yr awr cofia.'
Teimlais am flynyddoedd fod hyn o fantais mawr i mi, hyd
nes i mi ddarganfod fod pawb arall yn cael yr un
wybodaeth yn union hefyd.

Bu Guto'n hwylio'r *Annie*, hen gwch ei dad, am
flynyddoedd lawer. Yn ddiweddarach, yr *Annie* (a Guto)
oedd un o'r cychod achub yn ystod y ras. Duw a ŵyr beth
fyddai'r canlyniad petai rhyw anffawd wedi digwydd – gan
amlaf byddai Guto wedi llwyr ymgolli mewn pysgota ym
mhen arall y bae. A doedd yr hen injan ar din yr *Annie*
ddim y peth cyflymaf a welodd Bae Aberdaron chwaith.

Ar un adeg bu llawer o ddwyn o Borth Meudwy; injans
cychod a pethau felly yn diflannu yn ystod y nos. Yn ystod
y cyfnod hwnnw roedd gan Guto hen injan Johnson a
oedd yn cael ei gadael ar starn y cwch, ddydd a nos.
Roedd hon mor hen nes i un o'r hogiau oedd yn hwylio
hefo mi ddatgan mai wedi dod yma hefo'r Vikings oedd hi.
Wrth gwrs, roedd gan y cwmnïau mawr eu lliwiau, a phob
injan o'u gwneuthuriad yn edrych yn union yr un peth...
pob un ond hon. Roedd hon yn unigryw gan fod Guto wedi
ei pheintio. Mae'n anodd disgrifio'r lliw – rhyw gymysgedd
o wyrdd, llwyd a hufen am wn i. Yr unig doriad ar
undonogrwydd y lliw oedd rhif ffôn Guto yn fawr ac amlwg
ar ei hochr. Mentrodd rhywun ofyn pam.

'Petai hon yn cael ei dwyn mi fyddai raid i rywun fy
ffonio i er mwyn cael gwybod sut i'w thanio hi,' oedd yr
ateb. Oedd, mi oedd yna batant i danio honno hefyd.

'Wyt ti isio un o'r rhain?' gwaeddai'n aml cyn i mi adael
y Borth. Yn llechu dan hen gôt oel yng ngwaelod y cwch
byddai rhyw hanner dwsin o grancod.

'Rhowch eich bagiau a'r gêr yn y transbort bocs, ac mi
a' i â nhw i fyny,' fyddai'r cynnig cyn i ni gerdded o'r Borth.
Byddai pawb wedyn yn llwytho'r bocs gan wybod mai llai
na'u hanner nhw fyddai'n dal ynddo erbyn i'r Ffyrgi
gyrraedd giât y Nant.

Go brin y byddai neb yn gadael chwaith heb gael rhyw stori neu ddwy ganddo. Un heb ei ail am stori oedd Guto. Faint ohonyn nhw oedd yn wir, wn i ddim. Ond diawch, i mi roeddan nhw'n ddifyr, ac yn gwneud dim drwg i neb. Rhyw din-droi yn ormodol wnes i a cholli'r cyfle i recordio sgwrs hefo Guto, ond yn ffodus iawn roedd Iwan Hughes wedi ymweld â Chae Mur yn 2010 hefo'i gamera. Er bod Guto wedi dechrau gwaelu erbyn hynny roedd y sgwrs a'r straeon yn dal i lifo.

Ma' cwch Aberdaron wedi ei wneud i fynd hefo rhwyfa. Mae'r *skeg* yn y tu ôl yn tydi, felly mi oeddan nhw'n gallu rhwyfo'n ôl at y creigiau i godi cewyll yn y swnt 'na. Toes 'na ddŵr dwfn yn ymyl y lan yn fan'no yn toes? Maen nhw'n dda i redag o flaen môr hefyd, ew annw'l, mi oedd yr *Annie* fel craig o flaen môr ynde. Dyna i ti rai o'u rhinweddau nhw.

Mi gofia i'r injan gynta'n dod yma. 'Nhaid prynodd hi. Delta oedd hi, hefo batri i'w thanio. Mi ddaeth y Seagull wedyn ynde, a dyna oedd gan bawb wedyn. Ew annw'l, mi oeddan nhw'n rhai da, yn toeddan?

Mi fydda 'na ryw hen foi yn dod i lawr i'r Borth 'na hefo'i gi i fusnesu bob nos, meddan nhw. Mi fachodd un o'r hogia granc yng nghynffon y ci. I ffwrdd â'r ci i fyny'r allt hefo'r cranc yn sownd ynddo fo. 'Gwaedda ar dy gi i mi gael fy

nghranc yn ôl,' medda fo wrth yr hen foi hwnnw. 'Wel gwaedda di ar dy granc i mi gael fy nghi yn ôl!' atebodd y dyn. Mae honna'n stori berffaith wir i ti, yndi.

Mi ydw i'n cofio pobol Enlli'n cysgu yn y storws yn y Borth pan fydda hi'n dywydd mawr 'de. Mi oedd 'na le i wneud tân, a simdda, yna. Hel rhedyn fyddan nhw i'w losgi. Lle i gadw mastiau a hwyliau oedd y storws.

Fydda'r hen bobol ddim yn mynd â'u cychod i lawr tan ganol Mai, ar ôl gêl ceicia. Dim ond talcen y das wair fyddai ar ôl ar y ffermydd erbyn hynny ac mi fydda'r gêl yma'n chwythu honno i lawr. Dyna pam roedd hi'n cael ei galw'n gêl ceicia. Tua'r trydydd ar ddeg o Fai fydda honno'n digwydd.

Dwi'n cofio hefyd – mae hon yn stori berffaith wir – Tomi Plas Ffordd yn 'sgota yn y *Jane* ac yn mynd allan ar y teid cynnar yn y bora a dim blewyn o faco ganddo fo. Mi fydda'n rhoi ei dafod yng ngwaelod ei bwrs baco.

Mi fydda pawb yn gosod cefnan neu dramal i ddal abwyd ers talwm, yn toeddan. 'Sgota gwaelod gynta i gael abwyd i'w roi ar y gefnan ynte. Gwrachan oedd y boi, mi oedd honno'n ddigon gwydn ac yn para ar y bachyn am ddiwrnodia. Mi gafon nhw gath fôr fawr ryw dro, a phan lwyddon nhw i'w chael hi i'r cwch mi oedd ei hadenydd hi'n hongian dros y ddwy ochor. *Conger eel* fydda 'na i gael weithia hefyd. Sticio pric drwy'r rheini oeddan nhw a'u gadael nhw ar ochor y storws i sychu. Lle gwael am benwaig oedd 'ma, ond mi welais i doman cyn uched â'r rŵm yma wedi cael eu dal un tro. Dyna'r mwya o bysgod i mi 'u gweld hefo'i gilydd erioed.

Mi fyddan nhw'n anfon llawer o'r crancod a'r cimychiaid i Lerpwl hefo lori, ac i Ddeganwy wedyn. Cyn hynny mi fydda 'Nhad yn mynd â nhw i'r Bermo hefo moto beic a seidcar.

Mi welwch chi ryw hen ddŵr llwyd weithia yn mynd ar hyd y traeth yna am Drwyn Penrhyn. Fethith hwnnw byth... mi fydd hi'n dair wythnos o dywydd mawr ar ei ôl o, garantîd.

Dwi'n cofio cael gwenwyn môr rhyw dro, wedi ei gael o o'r abwyd, ma' siŵr. Sôn am olwg ar fy llaw i, wedi chwyddo'n

fawr. Mi aeth fy nhad â fi at y nyrs armi yn y pentra. Honno'n dal fy llaw uwchben y sinc a thywallt dŵr berwedig o'r teciall drosti. Duw, toeddwn i erioed wedi gweld teciall letrig o'r blaen felly doedd gen i ddim syniad be oedd yn mynd i ddigwydd, nag oedd? Dyna oeddan nhw'n gael yn yr armi, medda hi. Mi fydda i'n meddwl o hyd am y peth, mi gofia i am byth. Mi gofia i stori'r cranc a'r ci am byth hefyd – mi glywais i hi ugeiniau o weithiau. Ew, mi oedd yr hen gi'n mynd, meddan nhw.

Oedd, mi oedd Gwilym Roberts, Garreg Fawr yn llygad ei le. Fydd y Borth 'ma byth yr un fath heb Guto.

Rhuol Rhiw

Yng nghysgod Mynydd Y Rhiw ym mhen gorllewinol Porth Neigwl mae'r Rhuol. Nifer o gychod bychan fyddai yma yn ystod y cyfnod pan fyddwn yn cerdded i lawr o dŷ Nain a Taid pan oeddwn yn blentyn ifanc, a'r cychod rheini'n mynd allan gyda'r nosau. Oddi yma y cefais fy nghyfle cyntaf erioed i fynd allan ar y môr. Alla i yn fy myw gofio hefo pwy erbyn hyn – cyfaill i 'Nhad neu 'Nhaid mae'n siŵr, wedi cymryd rhyw biti drosta i wrth fy ngweld yn edrych yn genfigennus ar bawb yn mynd allan i 'sgota mecryll ar noson braf o haf. Pedwar ohonom oedd yn y cwch a minnau wedi fy rhoi i eistedd yn y blaen. O feddwl yn ôl, roedd pedwar o bobol yn eithaf llwyth i gwch bach tua deuddeg troedfedd. Roedd y perchennog yn sefyll yn y cefn yn llywio a'r ddau frawd o Lys Hyfryd, oedd ychydig flynyddoedd yn hŷn na fi, yn eistedd yn y canol, dwi'n meddwl. Anghofia i byth y diferion yn tasgu dros fy wyneb wrth i mi edrych dros yr ochr ar flaen y cwch yn torri drwy'r dŵr gan anelu am Drwyn Penarfynydd. Codais law ar ddau neu dri oedd yn pysgota gwrachod oddi ar y graig yn yr Hen Ddinas, a chofio fel y bûm innau yno hefo 'Nhad lawer gwaith yn gwylio'r cychod yn pasio.

Arafodd y cwch ac aeth dwy lein facrall i lawr. Dechreuodd yr hogia ddal yn syth, dwy neu dair ar y tro. Ymhen dim roedd y bocs yng nghanol y cwch yn hanner llawn o fecryll bywiog, ac ambell un yn fwy bywiog byth yn y dŵr yng ngwaelod y cwch. Pasiodd un o'r hogia'r lein i mi ac o fewn dim roeddwn innau wedi dal tua hanner dwsin.

Ar ôl cyrraedd yn ôl yn y Rhuol mi ydw i bron yn siŵr i mi redeg bob cam i fyny allt serth Y Rhiw am Dŷ Uchaf, cartref Nain a Taid, hefo'r mecryll yn hongian ar ddarn o linyn yn fy llaw.

Y Rhuol fyddai'r lle gorau ym Mhen Llŷn i fynd i hel gwichiaid ers talwm. Doeddech chi ddim yn gorfod eu hel fesul un fel ym mhobman arall – gallech godi dyrnaid ar y tro yma. Byddwn yn hel llond pwced mewn chwinciad a rhedeg adref er mwyn i Mam gael eu berwi. I'r sosban â nhw am ugain munud a'r ogla'n llenwi'r tŷ. Wedyn roedd y gwaith caled yn dechrau: rhaid oedd tynnu pob un allan o'i gragen hefo pin. Mae'n dipyn o grefft cael gwichyn allan o'r gragen yn gyfan – tynnu'r caead i ffwrdd i ddechrau wedyn sticio'r bin i ben y gwichyn a gwneud rhyw symudiad hefo'ch garddwrn sy'n dilyn tro naturiol y gragen wrth ei dynnu allan. Mi gymerai dipyn o amser i baratoi digon i wneud brechdan, yn enwedig gan y byddai 'Nhad yn llechu y tu ôl i mi ac yn dwyn dyrnaid o'r ddysgl yn aml. Ond, Duw annw'l, mi oedd brechdan wichiaid yn werth chweil hefo digon o bupur a finag ar eu pennau. Allwch chi ond hel gwichiaid pan fydd R yn y mis, meddan nhw. Bechod garw dros y Sais ym mis Gorffennaf ynde?

Oedd wir, mi oedd y Rhuol yn lle prysur iawn gyda'r nosau ers talwm. Mae amryw o gychod yn dal i gael eu cadw yma, ond welais i 'run o'r hen gychod pren o ddyddiau fy mhlentyndod pan ymwelais yn ddiweddar.

Pwrpas fy ymweliadau diweddar oedd sgwrsio hefo Brett Garner a Bobi Jones, dau sy'n cwilla allan o'r Rhuol ers blynyddoedd bellach.

Brett Garner

Symud i Lŷn o ganolbarth Lloegr pan oedd yn blentyn ysgol wnaeth Brett. Mae'n rhyfedd meddwl fod un a anwyd mewn ardal sydd gyda'r bellaf o'r arfordir ym Mhrydain wedi datblygu cymaint o gariad tuag at y môr. O'r môr y deuai ei arian poced pan oedd yn fychan – byddai'n dal mecryll a'u gwerthu am geiniogau yr un. Bu'n gosod rhwydi ar y traethau lleol i ddal draenogiaid y môr am flynyddoedd cyn prynu cwch a dechrau cwilla.

Brett yw'r unig un ar ôl yn yr ardal, bron a bod, sy'n dal i gadw'r hen draddodiad o gyfuno tyddyna a physgota.

'Mae'r môr yn fy ngwaed i erbyn hyn,' meddai Brett wrtha' i mewn acen gref ardal Tamworth. Doedd ei acen yn amharu dim ar ei feistrolaeth o'r iaith Gymraeg – wel, dim ond pan geisiodd ynganu 'Maen Gwenhonwy'. A dweud y gwir, nid fo ydi'r cyntaf i mi ei glywed yn cael trafferth hefo'r enw hwnnw (a dwi'n fy ngynnwys fy hun).

Dros hanner can mlynedd ar ôl fy mordaith gyntaf cefais y cyfle i fynd allan o'r Rhuol unwaith eto. Dydi pethau ddim wedi newid yn ormodol yma. Y cychod ydi'r newid mwyaf am wn i. A'r acen, wrth gwrs.

Wnes i ddim pysgota y tro yma chwaith, dim ond rhyw sefyllian o gwmpas a bod ar y ffordd tra oedd Brett yn gweithio ac yn adrodd tipyn o'i hanes.

Allan o'r Rhuol yng ngwaelod y Rhiw 'ma, wrth y Plas, dwi wedi cwilla ers dros bum mlynedd ar hugain erbyn hyn. Tydw i ddim wedi cwilla o unlle arall a deud y gwir... mi ydw i wrth fy modd yma. Does yna ddim dŵr dwfn yma ac mae'r rhan fwya o'r cimychiaid yn fychan. 'Taet ti'n mynd allan ymhellach maen nhw'n mynd yn fwy ond mae'r nifer yn mynd yn llawer llai. Yn ymyl y lan mi allet gael hyd at bymtheg mewn cawell ond mi fysat yn lwcus i gael un neu ddau ohonyn nhw'n ddigon mawr i'w cadw, a does dim llawer o grancod wrth y lan chwaith.

Mae 'na le digon saff i gadw cwch yma cyn belled â dy fod ti'n gadael dim yn rhydd arno fo. Mae 'na gymaint o bobol yn dod rownd y llefydd 'ma i ddwyn yn toes? Os nad ydi o wedi ei glymu ar y cwch maen nhw'n mynd â fo. Petha fel injans a sowndars, petrol hefyd os gwnei di ei adael o yma. Rwbath fedran nhw 'i godi'n hawdd a'i gario oddi yma, ynde,

Ar y dôl oeddwn i gan nad oedd 'na waith yn y lle 'ma, ac mi gefais gyfle i fynd ar un o gynlluniau'r llywodraeth lle roeddan nhw'n talu deugain punt yr wythnos i chi fynd i bysgota... neu wneud rwbath a deud y gwir. Dyna sut y gwnes i ddechra, ac mi ydw i'n dal wrthi.

Mi oeddwn i'n 'sgota wrth ymyl Cadlan pan oeddwn i'n saith oed. Ar ôl gwrachod, pysgod gwynion a mecryll o'n i, ac mae petha jest wedi tyfu o hynny. Mae'r môr yn fy ngwaed i erbyn hyn, yn tydi? Dwi wedi dal draenogiaid a mingryniaid a phetha felly, a mynd lawr i Drwyn Penrhyn i 'sgota mecryll drwy'r dydd a'u gwerthu nhw am ychydig bunnoedd. Dwi wedi gwerthu dipyn o bob dim o'r môr.

Wedi fy nysgu fy hun ydw i, *learn by my own mistakes*, ynde. Dwi'n cofio bod mewn cwch bychan yn codi cawell yn y dechra ac mi aeth fy nhroed drwyddo fo. Mi oedd o'n llenwi hefo dŵr ond r'wsut mi lwyddais i ddod i'r lan hefo fo. Do, mi ydw i wedi bod mewn cwch oedd yn sincio, cwch hefo'r injan wedi torri, cwch hefo'r gêrbocs wedi mynd... mae'r petha 'ma'n digwydd... ond mi ydw i'n dal yma, tydw.

Fel yr oedd cawell digon bregus yr olwg yn dod dros yr ochr i'r cwch, dywedodd:

Yli, mae hwn dros ugain oed, ond yn dal cimychiaid o hyd. Ma'i ddrws o wedi torri erbyn rŵan hefyd. Mae 'na un i'w gadw, os nad oes 'na ddau ynddo fo heddiw eto.

Taflodd y lleiaf yn ôl i'r môr.

Rhy fach ydi hwnna – gobeithio y dalia i hwnna eto y flwyddyn nesa os na fydd rhywun arall wedi ei gael o o 'mlaen i.

Mae 'na ddeng medr o ddŵr a digon o wymon o dan y cwch yn fa'ma – siawns nad oes 'na gimwch neu ddau arall yma.

Mi fydda i'n lecio halltu'r abwyd am rwbath rhwng deg diwrnod a phythefnos. Fydda i ddim yn lecio iddo fo ddrewi gormod. Os wyt ti'n clywed ogla a gorfod troi dy drwyn arno fo, tydi o'n dda i ddim byd yn fy marn i.

'Be ydi enw'r graig yna, dŵad?' gofynnais yn ddigon direidus gan wybod yn iawn beth fyddai'r ateb.
Ymdrechodd bedair neu bump o weithiau i ddweud 'Maen Gwenhonwy', ei dafod yn gwlwm yn nhop ei geg erbyn y diwedd, dwi'n siŵr.

Fedra i ddim deud yr enw Cymraeg 'na! Cadlan dwi'n ei alw fo!

Roedd Brett yn chwerthin yn braf. Chwarae teg iddo am ymdrechu mor galed – roedd wedi dod i ddeall erbyn hyn fod y camera ymlaen pan welai olau coch.

Mae 'na lot llai o bobol yn pysgota rŵan nag oedd pan oeddwn i'n dechra, ond mae lot mwy o gewyll allan. Gormod o gewyll a deud y gwir, mae'n rhaid i ni wneud rwbath ynglŷn â hynny. Dim ond ni, y pysgotwyr, fedar wneud unrhywbeth amdano fo.

Mi ydw i'n cofio prynu cwch ryw dro, ew, toeddwn i ddim yn ei lecio fo. Hwnnw'n rowlio gormod yn y dŵr ac yn fy ngwneud i'n wael yn reit aml. Mi fu'n rhaid i mi gael gwared ohono fo a phrynu cwch arall. Mae'r cwch yma sydd gen i rŵan wedi dod o ymyl Portsmouth. Mi ges i fenthyg trelar i fynd yno i'w nôl o. Pan welis i o gynta, wannw'l, mi oedd o'n edrych yn gwch mawr. Ond dim ond neintîn ffwtar ydi o. Cwch deifio oedd o, ac roedd y cêl wedi gwisgo drwodd am ei fod wedi cael ei dynnu i fyny'r traeth ar hyd y cerrig. Toeddan nhw ddim yn defnyddio trelars o gwbwl yno. Mi ydw i wedi gwario lot o bres a threulio llawer o amser yn ei drwsio fo dros y blynyddoedd.

Duw, mae pawb yn mynd yn hen yn y job yma rŵan a does 'na neb newydd yn dod i mewn iddi o gwbwl. Mae'n job ddrud i ddechra rŵan a dim digon o gyflog i'w wneud ar y funud.

Mae'n rhaid i bobol dorri lawr ar y gêr neu mi fydd gen ti fois hefo mil neu fwy o gewyll, a neb arall. Mi fydd y bois bach sydd hefo ond cant neu ddau wedi mynd achos na fydd 'na ddigon o gyflog iddyn nhw gario mlaen.

Wna i ddim rhoi'r gorau iddi... mae gen i bethau eraill i fy nghadw i fynd hefyd. Mi ydw i'n gipar yn Nanhoron ac yn dyddynwr hefo rhywfaint o ddefaid. Rhwng y tri mi alla i wneud bywoliaeth.

Erbyn hyn roedden ni'n agos i Drwyn Cilan a'r cawell olaf yn cael ei godi i'r cwch.

'Fydda i ddim yn mynd ymhellach na hyn,' meddai Brett, 'patsh hogia Abersoch ydi o o fa'ma draw.'

Digon blinedig oeddwn i pan gyrhaeddodd y ddau ohonom y lan, a gwynt y môr wedi cael ei effaith. Rhyddhad mawr oedd clywed Brett yn cynnig lifft i mi ar y mul i fyny o'r Rhuol. Mul mecanyddol, nid un â phedair coes, gyda llaw.

Oeddwn, roeddwn i'n flinedig iawn, ond roedd diwrnod gwaith Brett ymhell o fod ar ben, gan fod ganddo ddigon o bethau eraill i'w gwneud, fel y dywedodd.

Bobi Jones

Ymhen yr wythnos roeddwn i yn ôl yn y Rhuol – y tro yma i dreulio diwrnod ar y môr yn codi cewyll hefo Bobi Jones. Doeddwn i ddim yn adnabod Bobi yn dda iawn cyn hynny, er iddo gael ei eni a'i fagu gwta filltir ar draws y caeau o 'nghartref i. Y gwahaniaeth oed oedd yn bennaf gyfrifol am hynny.

Sylweddolais yn fuan iawn fod diwrnod difyr o'm blaen gan ei fod o yn dipyn o gymeriad – ac yn yn gwybod yn iawn am y marciau a'u henwau heb fod yn ddibynnol ar offer modern i ddod o hyd iddynt.

Mae'r busnes ffilmio yn gallu bod yn rhwystredig iawn

ar adegau – mi fydd pobol yn aml yn gwneud rhyw ddatganiad digon diddorol a finna newydd bwyso'r botwm i droi'r camera i ffwrdd, er enghraifft. Digwyddodd hyn ar sawl achlysur yn ystod fy niwrnod hefo Bobi, a byddai'n rhaid i mi ruthro i droi'r camera'n ôl ymlaen ac ail ofyn y cwestiwn gan obeithio cael yr union ateb eto. Daeth yr ailofyn yma yn destun difyrrwch mawr i Bobi, a chwerthin yn braf fyddai o bron bob tro. Mae'n siŵr y credai fod rhyw chwilen ynof, neu fy mod yn hynod drwm fy nghlyw.

Wrth i ni adael y Rhuol, a thrwyn y cwch yn anelu tua chanol bae Porth Neigwl, amneidiodd Bobi at garreg ar y traeth.

Yli carreg sychu dillad yn fan'cw – yr un fawr yna ar y traeth tywod hefo top gwastad arni. Mi oedd pobol yn rhoi eu dillad arni i sychu ar ôl bod yn ymdrochi ma' siŵr, toeddan? Dyna ydi'r ystyr, ma' siŵr ynte?

Cyrhaeddodd y cwch y cawell cyntaf a thaniodd Bobi'r winsh. Tydw i ddim yn rhy siŵr sut i ddisgrifio'r sŵn ddaeth ohoni – dechreuodd wichian yn y modd mwyaf ofnadwy. Sut ar wyneb y ddaear oeddwn i'n mynd i recordio'r sgwrs? Allwn i ddim gofyn iddo ei stopio gan fy mod wedi gaddo amharu cyn lleied â phosib ar ei ddiwrnod gwaith. Ta waeth, ymhen rhyw hanner munud tawelodd fy meddwl, a'r winsh. Diflannodd y sŵn byddarol a gallwn glywed Bobi'n siarad am graig yn agos i'r Rhuol:

Mi oedd yna *stage* yn fan'na toedd, lle roeddan nhw'n dod â manganîs i lawr. Mae 'na le gwastad uwchben y môr wrth y garreg wen yna; mi fydda 'na injan stêm a *winding* yn arfer bod yn fan'na, a chêbl car yn dod i lawr.

Mae 'na *wreck* o dan y cwch yn fa'ma – tydw i ddim yn siŵr ai llwytho manganîs oedd hi pan aeth hi lawr. Cwch haearn oedd hi, a does dim llawer mwy na shafft a phropelar ar ôl ohoni rŵan. Mi fyddwn ni'n cael cimychiad wedi eu staenio'n goch yma weithia... wrth y graig ddu yn fa'ma ma' hi.

Hirdrwyn ydi hwn rŵan. Tydi o ddim i'w weld yr un fath

ar lanw fel hyn, ynde; mae'r trwyn yn dod allan ac i'w weld yn iawn ar drai. Mae'r tywydd yn gallu newid yn fa'ma. Mi fedra fod fel pwll hwyaid o fa'ma i'r Rhuol ond yn hegar yr ochor arall iddo fo. Os gallwch chi fynd heibio fa'ma, mae'n ddigon braf i fynd i rwla.

Yli'r adar yna wedi gwneud llanast ar y graig acw. Y bilidowcars sy'n bridio yma ynde. Maen nhw'n tua'r unig betha sy'n nythu yma wedi mynd. Mae 'Nhad yn cofio dod yma i hel wyau gwylanod. Mi oeddan nhw'n arfer bod yma ym mhobman, ond does 'na ddim un yma rŵan.

Trwyn Mulfran 'di'r nesa 'ma rŵan. Mi fydda i'n cael sbort hefo rhyw hen Saeson, yn trio esbonio iddyn nhw be ydi mulfran. *Donkey crow* ynde, mae ganddyn nhw syniad go lew be ydi o wedyn toes? Petaen nhw'n ei glywed o'n gwneud twrw mi fysan yn gwybod pam, yn bysan, sŵn fel mul ganddo fo!

Gallaf ddychmygu Bobi yng nghanol haid o ymwelwyr yn esbonio enw'r aderyn iddynt; y rheini'n teimlo'n ddigon dryslyd ac yntau'n chwerthin, mae'n siŵr.

Erbyn hyn roedd wedi treulio peth amser yn mesur cimwch a oedd yn agos iawn i'r maint cyfreithlon.

'Tydi o ddim yna chwaith, ddim cweit digon mawr. Hen dric budur ynde. Yli, mae'r hen *john dory*'n ei chael hi rŵan,' meddai gan roi pen anferth, hyll yn abwyd yn y cawell.

Bwtilith ydi fa'ma, ond mae 'na enw newydd arno fo rŵan hefyd [gwaeddodd y gair] – siwrej. Weli di'r hen beipan 'na'n dod lawr yr allt yna?

Yli, mae 'na *hermit crab* yn hwn... mae'n siŵr bod 'na enw Cymraeg ar hwnna hefyd yn toes?

Yr Hen Ddinas ydi'r graig yma, y lle gora ym Mhen Llŷn am wrachan. Mi fydda 'na lawer yn dod yma i 'sgota ers talwm, yn bydda. Polion fydda ganddyn nhw ynde, nid gwialen – eu gadael nhw yma ar yr allt wedyn yn barod at y tro nesa.

Yr hen Drwyn Penarfynydd ydi hwn. Mi fydda 'na lawer yn dod i 'sgota i fa'ma hefyd. John Sea View hefo'r hen bolyn – doedd o ddim yn lecio'r hen gastio yna, medda fo. Ei frawd yng nghyfraith wrth ei ochr o yn castio fel diawl a John jest yn ista hefo'r polyn. Hwnnw'n dal mecryll ma' siŵr... toedd John ddim, yn nag oedd? Toedd o ddim isio'i dal nhw... gwrachan oedd o isio 'de.

Dyma ni wedi cyrraedd Porth Llawenan, y lle gora'n y byd. Fa'ma oeddan ni'n dod yn blant ynte, dwi wedi treulio oriau yma. Roedd traeth tywod braf yma weithia a dim ond cerrig dro arall – dibynnu beth oedd y tywydd wedi ei wneud.

Mi oedd yna lawer o bobol hefo chydig o gêr wrthi ers talwm. A doeddan nhw ddim yn mynd allan ymhell, nag oeddan? Felly mi oedd y cimychiaid yn cael llonydd i fridio, digon o wya'n y dŵr yn toedd, a digon o rai mawr allan yna'n bridio. Does 'na unman yn cael llonydd heddiw... pob man yn cael ei 'sgota rownd y flwyddyn. Dim ond o'r Sulgwyn tan Diolchgarwch fyddai'r hen bobol wrthi.

Fedrwch chi ddim hel mwyar duon rownd y flwyddyn, na fedrwch?

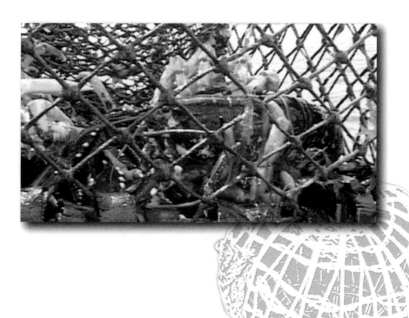

Aeth y cawell olaf yn ei ôl i'r dyfnderoedd.

'Wyt ti isio macrall?' gofynnodd Bobi.

Mi oedd yn gwybod yn iawn beth fyddai'r ateb cyn i mi agor fy ngheg, ac i ffwrdd â ni am ei hoff farc.

'Fa'ma 'di'r lle am facrall,' medda fo, gan ollwng y lein dros yr ochr.

Dim ond ei gollwng i'r gwaelod a'i chodi'n syth yn ôl i fyny hefo fy swper i arni wnaeth o. Pedair o fecryll i'r bwced yn syth, ac o fewn deng munud roedd dros ugain o rai eraill wedi ymuno â nhw.

'Dos di â faint bynnag wyt ti isio, dos â'r cwbwl os leci di,' medda fo ar ôl glanio. Doeddwn i ddim digon digywilydd i fynd â'r cyfan, ond roeddwn yn cerdded i fyny o'r Rhuol ar ddiwedd y diwrnod hwnnw eto hefo llond bag o fecryll. Ia, cerdded y tro yma gan fod y gallu i redeg i fyny'r allt wedi hen fynd. Bu'n rhaid i mi stopio i gael fy ngwynt ataf yma ac acw ar y ffordd i fyny, a dechreuais sylweddoli fod pawb, hyd yn hyn, wedi sgwrsio a chyfrannu llawer mwy nag a feiddiwn i ei ddisgwyl ar ddechrau'r prosiect.

Ar y traeth fe welir tri – wedi bod
Hyd y bae mae'r cewri;
Yn llon iawn mae fy llun i,
Dafydd a Henri Defi.

Gwilym Noddfa

Abersoch

Wedi rhyw ystyried Abersoch fel man i blesera yn fwy na gweithio oeddwn i dros y blynyddoedd, a heb sylwi'n iawn fod hamddena rhai yn creu gwaith i eraill.

Y cychod hwylio a phleser, nid y cychod gweithio, sy'n amlwg yn y bae. Ond wrth gwrs mae angen gosod a chodi'r angorfeydd i'r cychod hynny'n flynyddol, ac mae angen cario'r bobol yn ôl ac ymlaen i'r lan.

Mae yno bysgotwyr hefyd, wrth gwrs – mwy nag oeddwn i yn ei feddwl a dweud y gwir – a nifer yn gweithio oriau hir drwy gyfuno gwaith yn y diwydiant twristiaeth a physgota drwy fisoedd yr haf.

Roedd yr haf bron â darfod a chyfnod yr hydref yn nesáu erbyn i mi gyrraedd Abersoch hefo 'nghamera. Roedd y digonedd o lefydd i barcio car yn y pentref yn un arwydd o hynny. Dim ond dau neu dri o gychod hwylio oedd yn siglo'n braf yn yr awel ysgafn ar yr angorfeydd yn y bae.

Cefais ryw deimlad o lonyddwch yno – teimlad na chefais i erioed o'r blaen yn Abersoch. Yn ystod misoedd prysur yr haf y byddwn, yn fachgen ifanc, yn tueddu i ymweld â'r pentref.

O'r môr y bu fy ymweliadau mwyaf diweddar â'r pentref – dod draw o Bwllheli i hwylio a rasio. Rhaid fyddai galw yn y Clwb Hwylio wedyn i gael y canlyniadau a thrin a thrafod beth aeth o'i le, ac i ddathlu'n achlysurol hefyd. Byddai pob math o acenion i'w clywed yno ac ambell daten boeth yma ac acw. Byddai'r lle yn llawn bwrlwm drwy fisoedd yr haf ac o'r herwydd yn creu gwaith i nifer o'r bobol leol.

Wedi galw i dreulio'r bore hefo un o'r hogia sy'n gweithio yn y Clwb Hwylio roeddwn i y bore hwnnw.

T. Arthur Jones

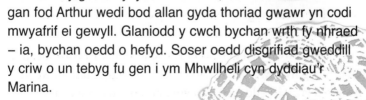

Ychydig cyn naw y bore oedd hi pan sylwais ar Arthur yn rhwyfo cwch bychan ar draws yr harbwr tuag ataf. Roeddwn wedi fy rhoi ar ddeall y noson cynt mai danfon dau berson i'w cwch hwylio oedd ar angor yn y bae oedd y gorchwyl y bore hwnnw, gan fod Arthur wedi bod allan gyda thoriad gwawr yn codi mwyafrif ei gewyll. Glaniodd y cwch bychan wrth fy nhraed – ia, bychan oedd o hefyd. Soser oedd disgrifiad gweddill y criw o un tebyg fu gen i ym Mhwllheli cyn dyddiau'r Marina.

Ar ôl y cyfarchion arferol, llwythwyd fi a'r offer ffilmio i'r cwch, ac ymhen dim roedd Arthur wedi ein rhwyfo at ei gwch pysgota yng nghanol yr harbwr. Datblygodd y dringo i'r cwch mwy i fod yn fwy o broblem nag yr arferai fod ym Mhwllheli flynyddoedd ynghynt. Ar ôl ychydig o duchan a chlywed chwerthin a sylwadau am oed a chymalau anystwyth yn dod o gyfeiriad y cwch bychan, llwyddais i gael fy nhraed yn soled ar y dec. I ffwrdd ag Arthur yn ôl tua'r lan i godi dau berson arall. Chafwyd 'mo'r un drafferth i gael y rhain i'r cwch ac i ffwrdd â ni allan i'r bae gan adael y cwch bach ar ôl (diolch byth). Ar ôl estyn y camera dechreuais ei holi.

'Rŵan 'ta, Arthur, mi glywis i dy fod yn gweithio oriau mawr. Be wyt ti'n 'i wneud i gyd yn Abersoch 'ma?'

Wel, dwi'n cwilla ynde, am gimychiaid a chrancod, ac mi ydw i'n gweithio yn y Clwb Hwylio ers deugain mlynedd yn cario pobol allan i'w cychod. *Ferry Service* mewn ffordd, tacsi. *Water Taxi* mae'r Saeson yn 'i alw fo. Mae'n joban bach reit ddifyr ar dywydd braf ynde.

Bosun maen nhw'n galw fy swydd i; fi sy'n edrych ar ôl y cychod a'r gêr. Mae yma dair *launch*, wedyn mi fyddwn ni'n eu tynnu nhw'n gria yn ystod y gaeaf ac yn rhoi syrfis reit dda iddyn nhw. A rhoi côt o baent iddyn nhw, wrth gwrs, yn barod am y tymor nesaf.

Bachgen ysgol pedair ar ddeg oed oeddwn i pan wnes i ddechrau yma. Gweithio yn ystod gwyliau'r haf a phenwythnosau am rhyw dri thymor cyn gadael yr ysgol a dechra'n llawn amser yma, do'n Duw, ac yma yr ydw i byth.

Mi ydan ni angen mynd â'r bobol yma allan i'w cwch rŵan; maen nhw isio mynd â'r cwch i Bwllheli i'w gadw am y gaeaf. Dim ond eu gollwng nhw ar y cwch ac yn ôl i'r harbwr ydi'r joban gynta y bore 'ma.

Pasg fyddwn ni'n dechra efo'r cychod; mae'r rasio'n dechra yma'r adeg hynny. Mae'r Clwb yn brysur wedyn tan ddiwedd Awst o leiaf. Mi fydd 'na rasio yma bob penwythnos drwy'r haf ac yn amlach na hynny ar adegau. Mae'r Clwb yn ei gwneud hi'n dda iawn, yn reit iach yn ariannol ynde. Mae records y Clwb yn mynd yn ôl cyn belled â 1924 medden nhw – toeddwn i dim yma'r adeg honno chwaith 'te.

Mi fydda i'n cyfarfod lot o bobol wahanol yma, rhai pobol neis iawn ynde, a rhai ddim cweit mor neis. Ond mi ydw i'n lecio'r job, dwi wrth fy modd yma a deud y gwir.

Mae yna lot o betha doniol i'w gweld yma – llawer wedi disgyn i'r dŵr ar ôl mwynhau eu hunain ormod yn y Clwb. Lot fawr o betha na fydda fiw i mi eu deud ar gamera hefyd... mae hi'n ddigon difyr yma'n aml iawn a deud y gwir.

Mi oedd fy nhad yn 'sgota yn toedd, felly dwi 'di arfer morio ar hyd fy oes mewn ffordd. Dwi'n cofio mynd efo fo'n blentyn o Borth Fawr. Cwch bach deuddeg troedfedd oedd ganddo fo yr adeg honno... mae'n reit ddifyr edrych yn ôl ar hynny.

Mae'r môr yn y teulu erioed, yndi. Mae 'mrawd yn dod i godi cewyll hefo mi bob diwrnod, yndi'n tad. Mi fydda i'n lecio mynd rownd y cewyll reit handi'n y bora 'te, cychwyn tua hanner awr wedi tri er mwyn bod yn fy ngwaith yn fa'ma erbyn hanner awr wedi wyth. Gweithio yma wedyn tan chwech y nos cyn mynd ati i godi gweddill y cewyll.

Mae 'nghewyll i rownd 'Nysoedd Tudwal yma, a draw am ganol Porth Neigwl. Mae gen i rai i gyfeiriad Pwllheli hefyd. Dipyn o rownd – mae'n cymryd wyth awr i'w cael nhw i gyd, ydi wir, wyth awr. Diwrnod cyfa o waith ynde. Mae'r diwrnodau'n mynd yn hir iawn yn yr haf. Ia, gwaith a gwely ydi'r haf mae gen i ofn, gwaith a gwely ynde.

Mi fydda i'n rhoi'r gora i 'sgota a dod â'r cewyll i'r lan ychydig cyn y Dolig, a dechra wedyn ym mis Mawrth. Ia'n duwch, i mi gael chydig bach o rest ynte, rhyw fymryn o holides 'de. Mae'r tair *launch* 'ma'n mynd fflat owt *non stop* drwy'r haf, o wyth yn y bore tan chwech y nos. Mae 'na saith o hogia ysgol lleol yn gweithio arnyn nhw. Joban bach handi i hogia ysgol, talu'n dda.

Dyma gyrraedd yr unig gwch hwylio oedd ar ôl yn y bae, a thynnu i fyny 'along seid' fel maen nhw'n dweud.

Clamp o gwch clyfar, tua deugain troedfedd o hyd mae'n siŵr. Allwn i ddim llai na meddwl y gallai cynilion oes rhywun fod yn hollol ddibynnol ar bwt o raff i'w chadw'n saff drwy'r haf.

Dringodd y bobol ar fwrdd eu cwch gan ddiolch yn fawr i Arthur. Mewn Saesneg hefo acen gref Pen Llŷn yr atebodd 'Aathy', wrth adael yr iot ac anelu'n ôl tua'r harbwr.

Dyna hi, job arall wedi darfod am flwyddyn, cwch ola'n mynd o 'ma, wedi darfod, ffinishd. Rilacs rŵan, ia'n Duw.

Hen bryd iddyn nhw fynd. Dwi 'di cael digon arnyn nhw rŵan. Mae'n braf 'u gweld nhw'n dŵad 'de, ond mae'n braf 'u gweld nhw'n mynd hefyd.

Mae'r Clwb yn fy nghyflogi i a hogyn arall o'r Rhiw a dau arall yn y swyddfa rownd y flwyddyn. Mae 'na bedwar ffŵl teim yma.

Mi faswn i'n deud bod yma tua cant yn llai o gychod ar y mŵrings 'ma 'leni. Does 'na'm cymaint o bres o gwmpas – y risesion yn hitio'r pen yma rŵan. Mae'r cychod mawr wedi mynd; mae yma ddigon o rai bach fel y Squibs a'r Pandoras, ond dim cymaint o bobol y pres mawr ynte.

Mi ydw i'n gweld Abersoch wedi newid lot yn y deng mlynedd diwetha 'ma ynte. Tydi hi ddim mor brysur yma yn ddiweddar, dim cymaint o bobol yn dod yma o gymharu â fel y bydda hi. Tydyn nhw ddim yn gallu cymryd cymaint o holides a dod yma drwy fis Awst fel y byddan nhw. Mae llawer jest yn dod yma am wythnos rŵan ac amryw yn gosod eu tai am weddill yr haf yn hytrach nag aros i lawr am chwe wythnos.

Un o Gilan ydw i, ac yn dal i fyw yno. Mi symudais i Abersoch am sbel ond toeddwn i ddim yn lecio yma felly mi symudais i 'nôl adra i Gilan.

Mae 'na lawer o gymeriadau wedi bod o gwmpas y pentra 'ma. Mi oedd Ifan Tŷ'r Odyn yn un da iawn am sgwrs a stori meddan nhw. A Capten Ochor – 'rhen Victor ynte – un da iawn oedd o am sing-song, am gân, 'lly. Ia, Capten Ochor oeddan ni'n ei alw fo. Dwn i'm sut y cafodd o'r enw hwnnw chwaith. Mi oedd o'n hwyliwr da iawn beth bynnag, oedd wir. Un cymeriad difyr iawn sydd o gwmpas rŵan ydi Wil Gas – mae o'n 'sgota'n fa'ma. Fo sy'n sefyll allan. Un da ydi Wil.

Fan hyn fydda i bellach 'de, a' i ddim o'ma bellach. Mae'n anodd iawn gadael y môr unwaith rydach chi wedi dechra hefo fo... ydi, anodd iawn. Mi ydw i wedi treulio fy mywyd gwaith i gyd ar y môr – do, bob dydd. Wnaiff hynny ddim newid bellach, os na wna i ennill y Loteri 'de! Fyswn i ddim yn prynu cwch mwy wedyn chwaith; cwch gwell ella, ond nid cwch mwy.

Ia, fel y dywedodd o, 'gwaith a gwely' yn unig ydi hi drwy'r haf i Arthur. Chlywais i ddim gair o gŵyn chwaith. Dyn yn amlwg wedi ei eni i forio ac yn mwynhau pob munud o'i waith. Tybed ydi o'n ymwybodol ei fod o ei hun yn un o'r cymeriadau lleol rheini y bydd pobol yn siarad amdanyn nhw ymhen blynyddoedd?

Cyrhaeddais yr harbwr yn y cwch bach heb fawr o drafferth. Ar ôl rhoi fy nhraed ar dir sych a sylweddoli mai ond canol y bore oedd hi penderfynais fynd i chwilio am y Wil Gas 'ma roedd Arthur wedi bod yn sôn amdano. Mi oeddwn bron yn siŵr mai hwn oedd y gŵr a adroddodd stori i 'Nhad ryw dro am ddyn a wnaeth ddannedd gosod iddo'i hun hefo 'cocos *free wheel* beic'...

Meirion Lloyd Jones a Wil Gas

Wn i ddim lle i ddechrau hefo'r ddau yma – dyma i chi gymeriadau, yn tynnu ar ei gilydd yn ddiddiwedd drwy'r amser a dreuliais yn eu cwmni. Mi fyddaf yn dal i gael pyliau o chwerthin wrth gofio rhai o'r straeon a glywais ganddynt.

Amseru ydi cyfrinach comediwyr da meddan nhw, ac mi oedd amseru'r ddau yma yn berffaith bob tro – Meirion yn rhoi'r abwyd a Wil yn brathu'n syth. Dim sgript, dim ymarfer, y cyfan mor naturiol. Roedd y ddau yn gyfeillion mawr ers blynyddoedd lawer, ac felly'n gwybod yn union sut i gael y naill a'r llall i ymateb.

Er yr holl ddoniolwch a'r chwerthin roedd yn amlwg i mi fod yma ddau forwr a 'sgotwr gyda'r mwyaf profiadol yn yr ardal. Er bod y ddau yn eu saith degau does dim sôn am roi'r gorau iddi ac ymlacio.

Rhedeg y busnes gosod mŵrings yn y bae a physgota mae Meirion. Pysgota hefo Meirion ac adrodd straeon celwyddog mae Wil, yn ôl Meirion. Yn yr HQ, sef sied fechan yn llawn hen duniau paent ac ati wrth ochor yr harbwr y cefais afael arnyn nhw – a cael a chael oedd hi i mi lwyddo i osod y camera cyn i Meirion ddechrau tynnu ar Wil.

Meirion: Yli, mae'r camera 'na 'mlaen. Be am i ti ddeud y stori gelwyddog 'na am y gath fôr fawr honno ddalist ti? Lle ddalist ti hi i ddechra?

Wil: Ddalis i mohoni naddo. 'Rhen fois 'na wnaeth y stori i fyny ynte. Deud ei bod hi wedi bod yn hegar ac yn dywydd terfysg ac mi es i allan, meddan nhw. Penri a

Tai Ffolt ddeudodd 'mod i wedi dod i'r lan efo cath fôr oedd mor fawr, pan ddechreuodd hi fwrw 'mod i wedi mynd i fochal 'dani hi.

Chwarddodd Wil yn uchel ar ôl adrodd y stori. Chlywais i erioed o'r blaen chwerthiniad cweit mor ddireidus, rhyw chwerthiniad o waelod bol felly. Taflodd rhyw edrychiad bach slei tuag ata' i hefyd, i weld sut yr oeddwn i'n ymateb mae'n siŵr. Doedd dim rhaid iddo boeni gan fy mod innau yn fy nyblau hefyd.

Meirion: Mae'n rhaid i Wil 'ma gael dod i Abersoch i nôl ei bensiwn am naw o'r gloch union ar fora Llun. Naw ar y dot rhag i'r Post fynd heb ddim pres, 'te Wil?

Wil: Arglwydd, ia. 'Taet ti wedi bod yno o 'mlaen i mi fysa'r lle yn wag, yn bysa?

Meirion: Oes gen ti stori arall 'ta?

Wil: Nag oes tad.

Meirion: Deud y stori amdanat ti a Dei yn 'sgota yng Nghantre'r Gwaelod a hitha mor braf a'r dŵr mor glir. Be welist ti?

Wil: Mi oeddwn i'n gweld y tai ar y gwaelod, toeddwn, a gweld y rhif ar y drws ynte.

Meirion: Pa rif oedd o?

Wil: Tydw i ddim yn cofio 'ta êt 'ta sics oedd o. Un o'r ddau.

Meirion: Pa liw oedd o? Gwyrdd?

Wil: Naci, gwyn oedd y nymbar ynte.

Meirion: Pa liw oedd y drws?

Wil: O Iesu, toeddwn i ddim yn gweld yn ddigon dâ – mi oedd y gwydr yn sgleinio, yli.

Does dim rhaid i mi ddweud bod y morio chwerthin wedi dechra eto. Tydw i ddim yn siŵr a stopiodd o drwy gydol y sgwrs a dweud y gwir.

Meirion: Be oedd hanas y cimwch meddal 'na ddalist ti? Mi roist ti gorcyn neu rwbath yn sownd ynddo fo yn do?

Wil: O Duw, do. Dal un bach dan y mesur wnes i, a dal i'w ddal o yn aml. Mi wyddost ti dy hun yn iawn, achos mi ydan ni wedi dal un bychan efo lwmp ar ei ochor o lawer gwaith yn do? Sawl gwaith rydan ni wedi'i ddal o?

Meirion: Do tad, dair neu bedair gwaith yn do?

Wil: Wel, mi oeddwn i'n dal hwn yr un fath yn union, a be wnes i oedd clymu corlîn am ei fraich o a'i luchio fo'n ôl.

Meirion: A chorcyn.

Wil: Naddo – un gwahanol oedd hwn. Duw, mi oeddwn i yn ei ddal o a'i ddal o o hyd! A myn diawch i, lle dalis i o yn y diwedd oedd yng ngwaelod Y Rhiw. O Lanbedrog roedd o wedi dŵad i ddechra.

Meirion: Ew, mi oedd o wedi trafeilio felly doedd. Wyt ti'n siŵr mai 'run un oedd o, dŵad?

Wil: Ydw siŵr – neu mi oedd rhywun wedi rhoi llinyn yr un fath â fi arno fo toedd? Isio clywed am yr un y rhois i gorcyn arno fo wyt ti ynte?

Meirion: Ia tad – be oedd hanes hwnnw?

Wil: Rhoi tamad o gorlîn a chorcyn rhwyd bach yn sownd ynddo fo wnes i. Wedyn mi oeddat ti'n gweld y corcyn yn mynd ar wyneb y dŵr bob hyn a hyn. Oeddat tad, ei weld o'n mynd hyd 'lle 'na.

Meirion: Faint wnaeth hwnnw symud felly?

Wil: Duw, aeth o ddim llawar, dim ond mynd yn ôl a 'mlaen o hyd. Mi ddalis i o wedyn hefyd. Y sosban gafodd o'n diwadd.

Meirion: Doedd dal hwnnw ddim yn broblem – dim ond gafael yn y corcyn oedd isio i ti wneud.

Mi fu'n rhaid i Wil gymryd egwyl fach i chwerthin a meddwl am ateb.

Wil: Ia ma' siŵr, ond yn y cawell y dalis i o.

Meirion: Pan fyddan ni allan yn codi cewyll Wil fydd yn llywio a sbio a y ffero-graff... ffero-graff ydan ni'n dal i'w alw fo, dim Fish Finder. Wil fydd yn gwneud hynny a finna'n codi'r cewyll. Wedyn, wrth osod, mi fydd Wil yn sownd wrth y ffero-graff yn chwilio am ryw garreg neu rwbath ac wedyn mi weiddith 'Reit!' ac mi fydd yn rhaid lluchio'r cawell drosodd y munud hwnnw... y munud hwnnw. Does 'na ddim oedi o gwbwl – mae'n rhaid i'r cawell fynd i lawr ar y garreg. Mi fydda i'n ama' ai carreg ydi hi'n aml iawn hefyd ynte. Weithia mi fyddwn yn cael diwrnodau o ddal yn dda... dim ond weithia ynde.

Wil: Y rhan fwya yn dda – mi wyt ti'n deud yn groes rŵan yn twyt?

Meirion: O, y rhan fwya yn dda, ia, Wil. Wedyn mi fyddwn yn pysgota mecryll ar y ffordd adra. I gael ffrei, 'de Wil?

Wil: Ew ia, i gael pryd. Twenti êt gafon ni tro diwetha 'de. Braidd yn fân oeddan nhw. Ma' siŵr y taflon ni hanner cant o betha bach yn ôl yn do?

Yn dy waed di ma'r 'sgota 'ma ynde.

Meirion: Ia, ac isio mynd allan 'te. Be 'di'r drwg, yli, gynta wyt ti'n cyrraedd saith deg a mwy, mi wyt ti isio mynd, ond yn teimlo dy hun wedi blino weithia.

Wil: Y coesa 'ma 'di'r drwg. Mi faswn i'n iawn taswn i'n cael coesa newydd.

Meirion: Dwy goes newydd ac mi fasat ti fel *whippet* hyd y lle 'ma! Dyna pam ei fod o'n llywio yn y *wheelhouse* 'de, a finna'n gorfod gweithio tu allan. Fi sy'n bandio ac abwydo a ballu.

Wil: Braidd yn slô yn bandio ydi o hefyd, methu dod i ben yn ddigon buan. Yn enwedig os cawn ni rai

mawr iddo fo ynde, mae o am hydoedd yn trio
bandio'r rheini. Mi ydan ni wedi prynu gefail bandio
newydd iddo fo ond tydi o ddim tamad cynt eto.

Meirion: Dwn i'm be i feddwl ohonat ti wir, Wil. Tydw i ddim
yn gwybod 'de.

Mi fyddwn ni'n cael clapia o rai da weithia, byddwn
Wil?

Wil: Ew annw'l, byddwn tad. Hefo'r rheini mae o'n cael
trafferth bandio, yli. Y mwya dwi wedi'i gael ydi dwy
neu dair owns o dan ddeg pwys – a hwnnw ar drwyn
Cilan.

Meirion [yn chwerthin]: Mi oedd o mor fawr, mi oedd raid i
Wil 'ma ei ollwng o! Mi oedd o'n gryfach na Wil, ac
yn dringo i drio mynd yn ei ôl i'r môr. Mi falodd o
gynal y cwch yn ddarna!

Wil: Mi oedd o wedi'u cnoi nhw'n racs!

Meirion: Oedd, wedi'u cnoi nhw'n doedd... Wyt ti'n deud y
gwir, dŵad?

Os goeliwch chi stori'r gath fôr, y cimwch hefo'r
corcyn a rhif y drws yng Nghantre'r Gwaelod, mi
goeliwch chi rwbath, yn gwnewch.

Wil: Mi ge's i gimwch claer wyn mewn cawell ryw dro. Do
wir, mi oedd fy mrawd efo fi yn y cwch. Palomino
neu rwbath maen nhw'n 'i alw fo 'te?

Meirion: Albino ti'n feddwl – ceffyl ydi Palomino siŵr Dduw!

Wil: Yn y Dive Inn mae o.

Meirion: Dwi'n siŵr ei fod o fel eliffant o fawr bellach achos
mi oedd hynny tua hanner can mlynedd yn ôl.

Wil: Ei stwffio fo a'i roi o ar ddisplê mewn câs gwydr
wnaethon nhw. Claer wyn, 'achan, efo llygaid bach
coch. Mi gwelwn i o wrth godi'r cawell i fyny, a dyma
fi'n deud wrth Dei, fy mrawd, bod rhyw ddiawl wedi
bod yn chwarae efo fo. Mi feddyliais mai plastig oedd

y blydi thing – mi fasat ti'n taeru mai plastig oedd o 'sti. Dwi am fynd ag un o gewyll Meirion 'ma yno rhag ofn bod ei bartnar o yno 'de.

Meirion: Sgwn i pa liw fydda hwnnw'n mynd ar ôl ei ferwi o?

Wil: Tydw i ddim yn gwybod wir Dduw – âi o ddim gwynnach beth bynnag. Mi oedd 'mrawd yn meddwl mai hen uffernol oedd o, ac mai dyna pam ei fod o'n wyn.

Meirion: Rhyw hanner cant o gewyll sydd ganddon ni allan yna. Pump sydd gan Wil am ei fod wedi gwerthu ei drwydded lawn a'i throi yn win ers blynyddoedd ynte!

Wil: Yli, rw't ti'n camu'n fras rŵan braidd. Stori amdanat ti'n mynd allan am ginio dydd Sul ac yn yfad y wisgi glywis i. Clywed wnes i fod dy *speech* di wedi mynd a phobol yn methu'n glir â dy ddallt di.

Meirion: Mi fuon ni'n 'sgota welcs a chathod môr am gyfnod. Toeddwn i ddim yn lecio'r job trôlio 'de.

Wil: Mi fyddwn i'n gosod rhwydi lawr wrth Mochras yn fan'na ar un adeg a chael toman o gathod môr ac *angel fish* ynte. *Angel fish marvellous* 'achan, mi oeddan ni'n cael tua thyrti ffeif pownd yr un am y rheini. Heb eu gytio 'te – mi oeddan nhw isio'r iau i wneud rwbath efo fo.

Meirion: 'Dan ni wedi bod yn meddwl rhoi rhyw gefnan i lawr, yn do Wil?

Wil: Mi ddylian ni drio, yn dylan? Ac iwsio'r mecryll bach 'ma sydd o gwmpas yn abwyd.

Meirion: Do, mi ydan ni wedi bod yn meddwl trio. Ond mi ydan ni mor brysur efo'r cewyll, yn tydan Wil, a malu awyr yn y sied 'ma ynte.

Wil: Yn fa'ma 'dan ni'n pysgota fwya wedi mynd.

Meirion: 'Dan ni'n dal mwy o lawer yn fa'ma.

Wil: Toes 'na ddim gwaith bandio yn fa'ma nag oes?

Meirion: Pan fyddwn ni'n trwsio'r cewyll yn y gaeaf a chael y sgopia'n barod a phetha felly, Arglwydd, mi ydan ni'n dal amsar hynny, bobol annw'l.

Wil: Ma' Meirion 'ma wedi mynd i drio dal llygod mawr y dyddia yma.

Meirion: Mi fydda i'n rhoi gwenwyn i lawr ond mae Wil yn deud mai cwningod sy' 'ma, nid llygod. Cwningod a brain sy'n cario'r blociau i ffwrdd medda fo – dwn i'm sut maen nhw'n mynd i mewn i'r bocs i'w nôl nhw chwaith.

Wil: Mi fasa'n werth i ti fod wedi gweld y frân yna allan yn fan'na rŵan, yn llnau ei phig yn braf ar ben y cawell 'na ar ôl dwyn dy flocia di.

Meirion: O, ma' hi'n sobor arna i efo chdi, yn tydi?

Mynd i Aberdaron i brynu cewyll oeddan ni ers talwm ynde? Rhai mawr wedi'u gwneud allan o wiail hefo cniwia lot mwy na rhai ffor'ma.

Wil: Mi gofia i weld dau gimwch tua naw pwys mewn un – rhy fawr i fynd i'n cewyll arferol ni ma' siŵr.

Meirion: Tair bricsan i ddal y cewyll i lawr ynde.

Wil: Mi drion ni goncrit yn do? Doedd o ddim yn gweithio, nag oedd; y cewyll yn rowlio gormod heb y brics i'w hangori nhw.

Meirion: Tydi'r American Parlour Pots 'na s'gynnon ni rŵan yn betha gwych, tydyn?

Wil: Maen nhw wedi gwneud gwahaniaeth mawr. Dwn i'm faint fydda rhywun wedi'i ddal wrth Dwll yr Iâr Fawr ar yr ynys yna ers talwm hefo rheina.

Meirion: Mi fysa rhywun wedi gwneud 'i ffortiwn yn bysa?

Fi fydd yn dŵad â fflasg, brechdana a chêcs ar y môr 'ma. Fydd Wil byth yn dŵad â dim hefo fo.

Wil: Duw, peth rhyfadd – fo sy'n dena a fi sy'n dew ynte?

Meirion: Dyna ddangos pwy sy'n gweithio 'de? Tydi hwn yn stwna hefo'r ffero-graff ar y cwch 'na tydi? Mynd rownd a rownd i chwilio am ryw garreg, 'i methu hi'n aml, a mynd rownd a rownd yn ôl wedyn a finna'n barod i ollwng y cawell. Mae o'n rhy ara deg gen i 'de, mae ganddo fo fwy o fynadd na fi i chwilio am garreg ma' siŵr.

Mae ganddon ni'n marciau hefyd, yn toes, Wil? Mae isio'r leitws rŵan ar...

Wil: Paid ti â dechra rhoi'n marcia ni i bawb rŵan!

Meirion: Mae isio leinio'r leitows i fyny hefo rwbath, neu mae 'na ryw Dŷ Penri yn Llanbedrog angen ei leinio i fyny hefo rhyw goeden ar y trwyn. Mi oedd yna broblem un diwrnod. Wil 'ma'n chwilio am Dŷ Penri yn mhob man o'r môr – hwnnw wedi ei beintio'n wyn ac i fod yn ddigon amlwg. Ond mi oedd Penri wedi'i beintio fo yn lliw arall a fedra Wil ddim 'i ffendio fo... wel, wel.

Daeth terfyn ar y sgwrs gan fod gwaith yn galw. Roedd nifer o bobol wedi ymgasglu y tu allan i'r sied erbyn hynny, yn aros am gymorth Meirion i lansio eu cychod. Chwerthin oeddwn i wrth wrando ar y ddau yn dal i herio tra oedden nhw'n cerdded tua'r dŵr.

Wrthi'n trefnu i wneud rhyw bwt o ffilmio hefo Owi, ei fab, a Bryn, ei fab yntau, oeddwn i pan alwodd Meirion yn ôl yn y sied a dweud y cawn i fynd allan i godi cewyll hefo fo a Wil y bore wedyn os liciwn i. 'Ty'd i lawr yma erbyn deg os wyt ti am ddod,' medda fo.

Mae'r hen ddywediad 'hir yw pob ymaros' yn ddigon gwir, ac mi oeddwn i'n sefyll y tu allan i'r sied hefo camera o dan fy nghesail cyn naw y bore canlynol.

Cychwyn yn ddigon tawel wnaeth y bore i gymharu â'r diwrnod cynt. Roedd Wil yn y caban yn llywio – ac yn astudio'r ffero-graff wrth gwrs – a Meirion allan ar y dec yn codi'r cewyll. Bore braf, a dim ond sŵn peiriant y cwch i'w glywed, ac ambell floedd o 'gollwng hi'r munud 'ma!' yn dod o gyfeiriad y caban. Roedd gan y ddau system, a honno'n gweithio'n berffaith. Capiau'r pysgotwyr profiadol yr oedd y ddau yn eu gwisgo – hyd yn hyn beth bynnag.

Tra oedd yn dechrau codi cewyll ar un o farciau Meirion daeth Wil allan o'r caban.

Wil: Marc da i uffar o ddim ydi hwn ynde. Ar yr hen darget mae o'n meddwl mae o – tydi o ddim ar y target.

Meirion: Ydw'n tad.

Wil: Y Jyrmans wedi'i symud o felly, ma' siŵr. Toes 'na ddiawl o ddim ond speidars yn y cawell cynta 'ma. O, a chimwch un fraich, yli.

Cyrhaeddodd yr ail gawell y cwch a chlamp o gimwch ynddo fo.

Meirion: Pwy ddeudodd na tydi hi'm yn dal ar y marc yma?

Wil: Diawl, dim ond un sy' 'na!

Meirion: Sbia, yli seis arno fo! Chi a dy 'ddim yn dal'.

Wil: Hwnna oedd yr unig un yma. Ffliwc 'de.

Meirion: Rho nhw'n ôl i lawr yn yr un lle – mae 'na fwy yma.

Wil: Digwydd pasio oedd hwnna. Wedi blino cerdded oedd o ac wedi mynd i dy gawell di i restio.

Dyma symud ymlaen i un o farciau Wil a dechrau codi.

Wil: Cewyll bychan sy'n dal ora' yn fa'ma ynte? Mae 'na rai yn hwn beth bynnag – mi gwela i nhw'n dod i fyny. Yli, maen nhw fel moch bach yn'o fo. Bychan ydi'r rhan fwya ond mae 'na un neu ddau iawn yna hefyd.

Dwi'n siŵr ein bod ni bythefnos yn rhy hwyr yn dod â chewyll i fa'ma 'sti, i gael rŷn ynde. Mae 'na gimwch yn hwn hefyd, beth bynnag ydi'i seis o. Dau neu dri... oes, yli, mae 'na dri. Mae 'na un yn y nesa hefyd.

Deud wrtha i am beidio wastio fy amser yma ddeudist ti. Yli, mae gen ti fochyn yma hefyd.

Cimwch wedi colli'i ddau fawd oedd y mochyn.

Meirion: Yn ôl â fo.

Wil: Tydi o ddim llawer o 'sgotwr... mae o'n iawn i ddal moch.

Meirion: Dos ffor'cw rŵan i mi gael gollwng y cewyll 'ma.

Wil: Fedra i ddim mynd ffor'cw neu mi fydda i ar gefn y cewyll er'ill 'na!

Aeth y cewyll olaf i lawr ar ôl ychydig o ddadlau ble roeddynt i fynd. Dadlau cyfeillgar oedd o, gan y tybiwn fod y ddau yn gwybod yn union ble i'w gosod.

'Mae'n rhaid i ni ddal ffidan o fecryll ar y ffordd adra rŵan,' meddai Wil. Nid taflu'r leins drosodd yn rwla rwla wnaethon nhw – o na – mi oedd gan Wil ei farc ar gyfer dal mecryll hefyd.

Meirion ddaliodd y gyntaf, a Wil yn cael un yn syth ar ei ôl.

Wil: Yli, darn o bacad crisps sy' gen i yn lle plu ar y bacha 'ma. Salt & Vinegar maen nhw'n lecio yn fa'ma. Mi brynis i lein newydd; Duw, wnaeth y plu bara dim arni hi.

Daeth nifer o fecryll i'r cwch yn ystod y munudau canlynol, a mentrais ddweud wrth Wil; 'Mae 'na ryw ddwsin yn y bwced rŵan, a dwi'n siŵr mai Meirion ddaliodd un ar ddeg ohonyn nhw.'

Wil: Rhyw betha wedi codi fflagia gwynion ar y ffordd adra oeddan nhw. Falla y bysa'n well i mi drio Cheese & Onion. Ma' gynnon ni ddigon am ffidan rŵan yn toes?

Cadwyd y gêr ac anelwyd y cwch am harbwr Abersoch. Meirion oedd wrth y llyw erbyn hyn a Wil ar y dec yn glanhau a blingo gwrachod i fynd adref i de.

'Yli, cym'a rheina,' meddai Wil ar ôl i ni lanio, gan roi bagiad o fecryll i mi.

Rhyw feddwl oeddwn i yn y car ar y ffordd adref, tybed beth fyddai ymateb cynulleidfa S4C petai hanes y ddau'n cael ei ddangos ar y teledu. Fydden nhw'n credu fod y fath gymeriadau'n dal i fodoli? Wel, maen nhw, ac mi oeedd y cyfan yn saff ar dâp gen i – diolch byth am hynny.

Owi Lloyd Jones

Rhedeg y busnes gosod mŵrings hefo Meirion, ei dad, a physgota mae Owi. Bellach mae Bryn, ei fab yntau, wedi ymuno â'r busnes hefyd. Gorffen ei brentisiaeth fel plymar wnaeth Bryn cyn ymuno â'r busnes teuluol. Doedd o ddim yn hoffi'r gwaith plymio, ac roedd y môr yn ei waed o – mwy o bleser a llai o gyflog, medda fo.

Mynd i ffwrdd i wneud ei brentisiaeth ac wedyn i weithio wnaeth Owi cyn dychwelyd i Abersoch. Yn y sied ger yr harbwr y cefais i sgwrs hefo fo hefyd, cyn iddo fynd allan i'r bae i drin rhai o'r angorfeydd. Newydd adael oedd Meirion a Wil felly, yn naturiol, nhw oedd testun cyntaf y sgwrs.

Ma' siŵr y cawsoch chi hwyl yn holi'r ddau yna. 'Taech chi'n gwrando ar y lan dwi'n siŵr y bysach chi'n eu clywed nhw'n ffraeo a thynnu ar ei gilydd allan ar y môr 'na. Mae'r ddau ohonyn nhw yr un fath – tydyn nhw ddim yn lecio bod i fewn. Pobol tu allan ydyn nhw ynte.

Mae gan Wil storis da, does? Yr ora gen i ydi'r un am y cyfnod pan oedd o yn pysgota ac yn dal cwningod. Mi fydda'n mynd allan i ddal crancod gynta, medda fo, wedyn rhoi cannwyll yn sownd ar ben y cranc a'i yrru i lawr y twll i ddychryn y cwningod allan. Mi ydw i'n gweld honno'n glasic, 'de. Ella bod 'na chydig bach o wir mewn ambell stori, ond toes 'na ddim harm o gwbwl yn yr un ohonyn hnw. Dim harm i neb, nag oes.

Mi fyddwn i'n cael te ddeg yn fan hyn bob diwrnod hefo fo – mae te ddeg yn mynd ymlaen am awr dwi'n siŵr. Cymêr ar y diawl ydi o. Mae'r ddau ar eu pensiwn ers blynyddoedd rŵan, pleser ydi mynd allan ar y môr.

Mynd i ffwrdd i brentisio fel peiriannydd wnes i yn ystod yr wyth degau, a gweithio i ffwrdd wedyn yn adeiladu gorsafoedd pŵer. Ar ôl gwneud digon o arian i brynu tŷ mi ddois i'n ôl adra.

Fy nhaid ddechreuodd y busnes mŵrings ar ôl yr Ail Ryfel Byd. Mi fydda fo'n trwsio cychod hefyd, ond fel yr aeth y blynyddoedd heibio, mi gymerodd y mŵrings drosodd. A physgota, wrth gwrs.

Mi ydw i yn gweithio yma ers dros bum mlynedd ar hugain erbyn hyn, ac mi ymunodd Bryn â ni rai blynyddoedd yn ôl. Gwneud petha'n haws i 'Nhad gan fod y busnes wedi tyfu oedd y plan. Gosod mŵrings a physgota ydan ni'n bennaf, a rwbath arall ddaw a deud y gwir – unrhyw beth sy'n ymwneud â'r môr a cheiniog i'w wneud ynddo fo, mi fyddwn yno. Petha fel gwaith salfej a chario stwff drosodd i'r ynys weithia. Ond mae'r gwaith efo'r mŵrings yn fwy stedi na dim arall, yr un cwsmeriaid yn dod yn ôl yn flynyddol 'te. Ia, y mŵrings ydi'r mên consyrn.

Mi gafodd y Marina ym Mhwllheli ychydig o effaith arnon ni i ddechra, pan agorwyd o, 'lly. Dros y blynyddoedd mae'r cychod wedi dod yn ôl fesul tipyn ac erbyn hyn maen nhw'n ôl i fel yr oedd petha cyn y Marina. Y risesion 'ma sy'n ein taro ni waetha rŵan.

Rhyw 180 o gewyll fyddwn ni'n 'u gweithio – mae hynny'n ddigon a deud y gwir. Croesi pobol eraill fysan ni efo mwy. Mi fyddwn ni'n trio peidio mynd i batsh neb arall. O drwyn Llanbedrog i drwyn Cilan ydi'n patsh ni, ac ychydig i fewn i fae Porth Neigwl. Fyddwn ni ddim yn mynd allan ymhell iawn chwaith. Pan gododd pris y diesel mor ddiawledig mi aethon ni i gwch llai. Gwerthu'r un mawr a phrynu un llai, rhatach o lawer i'w redeg. Ers hynny, rhyw dair milltir fyddwn ni'n fynd allan bellaf. Cadw costau rhedeg y cwch i lawr gymaint ag y gallwn ni.

Fel mwyafrif pysgotwyr yr ardal, i gwmni o Sir Fôn y byddwn ni'n gwerthu'r cyfan bron. Maen nhw'n dda iawn – dim angen poeni am bres na dim.

Mi ydan ni'n lwcus iawn a deud y gwir gan nad ydan ni'n llwyr ddibynnol ar bysgota. Mi fyddwn yn gwneud tipyn o waith cynnal a chadw mŵrings a phetha felly i'r Cyngor ym Mhwllheli hefyd. Mae petha fel yna yn ein cadw ni i fynd rownd y flwyddyn.

Mae Abersoch 'ma wedi bod yn lle pwysig efo cychod erioed. Mae yma gysgod da a bae clyfar yn toes, dim gormod o lanw na chreigiau perig. Maen nhw'n gallu hwylio a rasio heb fynd yn rhy bell allan. Gwynt dwyrain sy'n gallu gwneud y môr yn hegar yma, ond mae hi'n ddigon dwfn yma felly mae'r angorfeydd allan o'r tonnau torri.

Y Clwb Hwylio ydi'r dynfa fwya yma faswn i'n deud. Rhyw bump neu chwech o gychod gweithio sydd yma ar y mŵrings, mae'r gweddill yn iots a chychod pleser o bob math. Rhwng bob dim mi ydan ni'n llwyddo i wneud cyflog, jest abowt, ydan tad. Oriau mawr drwy'r haf ac ychydig o amser i ffwrdd yn ystod y gaeaf.

Pwllheli

Roeddwn i wedi cyrraedd Pwllheli, a diwedd y daith. Dyma harbwr lle cefais i lawer o bleser yn hwylio a physgota am flynyddoedd – harbwr sy'n dal i fod yn un hynod o brysur gyda nifer yn dal i wneud bywoliaeth o'r môr drwy bysgota neu gynnig gwasanaeth i'r cychod pleser niferus.

Cwch pleser oedd gen innau yma i ddechrau hefyd. Roeddwn wedi bod ar ben Mynydd Mawr sawl gwaith yn gwylio'r iots yn rasio i'r Iwerddon, ac wedi penderfynu ei fod yn rywbeth yr oedd yn rhaid i mi gael ei brofi cyn y byddai'r plant acw yn fy ngyrru i gartref henoed. Teithiais y wlad hefo cyfaill i mi yn chwilio am gwch addas (neu, yn bwysicach byth, un y gallwn ei fforddio). Ar ôl yr holl deithio, yn ôl ym Mhwllheli y cawsom hyd i'r cwch hwnnw – cwch a oedd wedi cael ei hwylio yn llwyddiannus iawn gan griw lleol am flynyddoedd. Do wir, cawsom ninnau lawer o hwyl yn rasio'r *She of Lleyn* a chyfeillachu hefo pobol y ddwy ochr i Fôr Iwerddon.

Er bod nifer o Gymry Cymraeg yn hwylio rhai o'r cychod eraill yn ystod ein cyfnod ym Mhwllheli, fe ddaethom i gael ei hadnabod fel '*the Welsh-speaking crew*' gan y wasg.

Byddai'r *She of Lleyn* ar ei gorau pan oedd gwynt reit ffresh yn llenwi'r hwyliau, ond roedd tanio'r peiriant i fynd i mewn neu allan o'r harbwr yn fater arall. Hen beiriant petrol oedd ynddi ar y dechrau, honno'n cychwyn ar ôl cryn besychu weithiau. Dro arall byddai wedi nogio'n llwyr, dim ond gwneud rhyw hen sŵn clecian a llenwi'r caban hefo ffiwms a mwg. Roedd Tiwd, un o'r criw, wedi arfer chwarae hefo rhyw hen geir ers talwm, felly fo a enwebwyd yn enjinîar. Ar ôl cryn regi, ymddangosai ar y dec a'i wyneb yn aml yn ddu ar ôl effaith y mwg, ond rhywsut neu'i gilydd mi lwyddai i'w thanio bob tro.

Dwi'n cofio gofyn iddo fo unwaith be fedrwn i 'i wneud hefo'r injan honno. 'Mi fyddai'n gwneud angor da,' oedd yr ateb.

Er gwaetha'r tywydd garw ar adegau, daeth yr hen *She* â ni'n ôl yn saff i harbwr Pwllheli bob tro.

Daeth newid mawr i harbwr Pwllheli yn ystod y cyfnod hwnnw: adeiladwyd y Marina. Y newid mwyaf i mi oedd gallu cerdded i'r cwch a pheidio gorfod rhwyfo ati mewn cwch bach (y soser) – a'r gost o'i chadw hi yno, efallai.

Yn ddiweddarach, cwch pysgota fu gen i yn yr harbwr. Pysgota am gathod môr (neu'r crocodeils fel y'i gelwid ym marchnad bysgod Grimsby), yn y twll i'r de o Drwyn Cilan yn bennaf. Crocodeils am fod mwy o bigau caled ar hyd eu cefnau na chathod unman arall. Rheini'n torri llafnau'r peiriannau yn y ffatrioedd prosesu, medden nhw. Gadael fu raid, a chwilio am borfeydd eraill. Aeth pris y cathod i lawr gan fod y pigau caled yn drech na pheiriannau modern y ffatrioedd.

Er i mi chwarae hefo cychod am rai blynyddoedd ym Mhwllheli, fuaswn i ddim yn meiddio dweud fy mod yn adnabod y lle yn iawn. Yn ffodus, llwyddais i recordio sgwrs hefo dau sydd â gwybodaeth lawer ehangach na fi am yr harbwr.

Owen Roberts a Douglas Jones

Dyma i chi ddau gyfaill sydd wedi gweld newidiadau mawr yn harbwr Pwllheli dros y blynyddoedd. Cefais noson ddifyr iawn yn eu cwmni yng nghwt y Bâd Achub yn gwrando arnyn nhw'n hel atgofion.

Owen Roberts: Fûm i erioed yn 'sgota dan hwyliau fel yr hen bobol ond mi gefais ddigon o brofiad hefo rhai oedd wedi eu magu dan hwyliau ynte. Mi oedd yna lawer yn gwneud bywoliaeth, wel, rhyw fath o fywoliaeth ynde, o'r môr y dyddiau hynny.

Douglas Jones: Mi fydda 'Nhad yn byw ar ryw hen gwch yn fa'na hefo'i ddau frawd, ar ôl y Rhyfel Cynta. Ia, byw ar y cwch – ew, mi oeddan nhw'n llwgu yma 'sti. Lwcus fuodd o i gael gwaith ar y Bad Achub yn 1930. Mi oedd o'n cael cyflog bob wythnos wedyn yn toedd? Mi fedron fyw r'wsut.

Owen Roberts: Y *Shrimpnell* oedd y diwetha o'r Nobbys yma ynte. Mi fûm yn gweithio efo Wil am ddwy flynedd ar honno. Cychwyn o'r harbwr 'ma yn

y tywyllwch bob bore, fel y bysan ni o gwmpas
gwtar Cilan fel yr oedd hi'n goleuo er mwyn
cael gweld y marciau. Saethu'r trôl a'i thynnu
am ddwy awr a hanner fel arfer; a gwneud
diod o de a brechdan unwaith yr oedd y rhwyd
i lawr. Mi fyddai wedi darfod arnon ni i gael
dim wedyn. Unwaith y deuai'r rhwyd i fyny mi
fyddai rhywun at ei ben-glinia mewn pysgod a
baw – dim gobaith cael dim wedyn nag oedd?
Yn yr howld a dy ben i lawr fyddat ti wedyn
nes y byddai Wil yn gweiddi ei bod yn amser
codi'r rhwyd eto. Felly y bydda hi ar hyd y
dydd nes ei bod yn rhy dywyll i weld y
marciau. Mi fysa'n rhaid iddi fod yn dywydd
mawr, garw iawn hefyd, i Wil beidio mynd
allan.

Tair siâr fydda 'na: siâr i'r perchennog, siâr i'r
cwch a siâr i'w rhannu rhwng y rhai oedd yn
llafurio ynde. Duw annw'l, toedd 'na ddim
gwerth i'w gael nag oedd?

Douglas Jones: Mi oedd y dyn oedd piau'r cwch yn mylti-
milionêr yn doedd? Anferth o dŷ ganddo fo
tua Bermo neu rwla.

Owen Roberts: Cathod môr a *brill* oedd i'w gael fwya yn y
trôl, ond mi oedd yna *sole* i'w cael i'r de o
Enlli.

Mi fydda Wil a finna yn gwau rhwydi trôl
allan o hen dwein cotwm yn adeg honno.
Wedyn mi fyddai angen eu tario nhw. Rargian,
mi oedd hi'n ddifyr iawn. Hen foilar ganddon
ni allan yn fan'cw, a mynd i lawr i'r *gasworks* i
nôl llond pot mawr o gôl-tar. Wil wedyn yn
cynnau tân o dan y boilar a finna'n hel broc
môr i'w losgi. Unwaith y byddai'r tar yn berwi,
rhoi'r rhwyd i fewn ynddo fo a'i throi a'i throi
hi am hir. Ei thanu hi wedyn draw yn fan'cw a'i
gadael hi yno am ryw bythefnos i sychu. Wrth

ei chodi hi i fyny'r mast ar y cwch wedyn, mi oedd pwysa'r pysgod yn tynhau'r clymau yn toeddan, a tar yn llifo drosta i. Felly y bydda hi am fisoedd wedyn, dwi'n cofio'n iawn. Dillad a dwylo rhywun yn dar i gyd.

Ddiwedd yr haf mi oeddan ni'n mynd lawr am Mochras, tynnu rhwyd o fae Porthmadog lawr am Sarn Badrig. Ew, mi oedd 'na dyrbots gwerth eu cael yn y fan honno.

Douglas Jones: Argol fawr, gwaith caled ynde.

Owen Roberts: Mi gofia i ryw hen rwyd benwaig oedd ganddon ni, honno wedi mynd yn beth sâl ac yn dylla mawr. Ei gosod hi dan 'Berch yn fan'na ryw noson. Erbyn y bore mi oedd hi'n chwythu'n galed o'r de, a môr mawr yn rhedeg. Mi oedd fy nghwch i yn rhy fychan i fynd allan yn y fath fôr a dyma gael benthyg cwch nobl i fynd i'w nôl hi. Dyma ni i lawr yno a gweld y rhwyd rhrwng dau foryn a honno'n blastar o benwaig. Mi lwyddon ni i'w chael hi i'r cwch a dod i'r lan. Wyddost ti fod 'na bedair mil o benwaig ynddi hi. Neb isio nhw.

Douglas Jones: Mi gafodd yr hogyn acw a finna chwe chant y tro dwytha aethon ni. Toedd neb isio rheini chwaith. Mi es i â dau gant i Aberdaron – merched Aberdaron isio nhw ynte.

Does 'na ddim pysgod yma rŵan. Tydw i ddim yn meddwl bod gan neb rwyd yma hyd yn oed, ond mae 'na fwy o gimychiaid nag erioed, meddan nhw.

Doedd gan neb yma gewyll ers talwm, wedyn mi ffendiodd rhyw Sais o Abersoch y New Patch hefo cimychiaid yno, yn do. Ia, New Patch y galwodd o'r lle. Be oedd enw'r hen Sais hwnnw dŵad? Mi ddechreuodd y teulu Hookes gwilla wedyn yn do?

Owen Roberts: Mi fydda Wil Hookes yn anfon llond dwy gist de o gimychiaid i Lerpwl bob wythnos.

Douglas Jones: Hefo lori Sarn ynte?

Owen Roberts: Ar y trên roeddan ni'n eu hanfon nhw. Wedyn mi oeddat ti'n cael dy siec o Lerpwl a thicad bach yn deud bod hyn a hyn wedi marw, hanner can pwys neu rwbath ynte?

Mi gofia i George Ferris yn llenwi trôl yn solat hefo *whiting* yn y gwely mwd yn fan'cw. Y cwch yn stopio'n stond hefo'r pwysa. Mi lwyddodd o i gael y rhwyd at y cwch r'wsut, a gorfod ei thorri hi i'w gollwng nhw. Gormod o bwysa i godi'r rhwyd i'r cwch. Tair gwaith y digwyddodd hynny y diwrnod hwnnw.

Douglas Jones: Mi fydda'r hen Fiss Clarke yn rhedeg deg neu ddeuddeg o gychod 'sgota yma'n bydda? Adeg *whiting* dim ond deg bocs fydda pawb yn cael ei ddal ganddi hi, rheini'n rhai mawr neis. Eu hanfon nhw i Lerpwl fydda hitha hefyd. Mi oedd 'na amryw o rai eraill hefo cychod yma hefyd, ond i Miss Clarke fydda pawb yn gwerthu.

Mi fydda 'na deulu'n tynnu rhwyd yma ers talwm hefyd. Dal samons oeddan nhw mewn rhyw bwll i fyny yn fan'cw – i Miss Clarke ynte. Pwll Gantri oeddan ni'n ei alw fo – argol, mi oeddan nhw'n cael samons yno. Mi oedd yma gantri yn mynd drosodd o ochor y Morfa i Glandon ac mi oedd y llanw yn cael ei gyfyngu yno, fel twmffat felly, a chreu cythraul o bwll. Yn fan'no ar drai fyddai'r hen gryduriaid yn dal samons ynde.

Mi oeddan nhw'n tynnu rhwyd ar lan y môr yma hefyd. Tri yn y cwch yn rhwyfo a gollwng y rhwyd allan mewn hanner cylch, 'lly, a rhai eraill ar y lan yn tynnu dau ben y rhwyd i fewn.

Mi glywais i amdanyn nhw wrthi dan y Golff, a dyma'r rhwyd yn stopio. Argol, mi oedd hi'n llawn i'r top o sliwod pig hir – *garfish* ynde. Gorfod iddyn nhw adael y rhwyd nes aeth y môr allan – gormod o bwysa i'w thynnu, doedd? Pysgod neis, wyddost ti, ond doedd neb isio nhw nag oedd? Ffermwrs wedyn yn dod yno hefo'u trolia a'u taenu nhw hyd y caeau ym Mhenrhos. Ar ôl hynny ddaeth yna ddim un yma, fel 'taen nhw wedi suro'n lân.

Wyt ti'n cofio fel y bydda 'na rasys mecryll ar nos Sul? Dwy awr o ddal mecryll a mynd i Ben Cob i'w gwerthu nhw wedyn, ar ôl eu cyfri nhw ynde. Ac mi fydda 'na gôr yn canu yno, bydda? Toedd y bobol ddiarth wedi gwirioni'n lân? Mynd â'r arian a bocsiad o fecryll i Ysbyty Bryn Beryl wedyn 'de. Hogia'r Bad Achub yn tanio marŵn a tua ugain o gychod yn mynd allan. Mi fydda 'na gwpan i'r enillydd yn bydda?

Chaet ti yr un cwch heddiw ma' siŵr... chaet ti ddim gwerthu'r mecryll efo'r busnas trwyddedu 'ma rŵan beth bynnag.

Owen Roberts: Mi fydda 'na gannoedd o bobol yn dŵad i Ben Cob yn bydda? Byrdda allan ynde, a'r gwragedd wrthi'n brysur yn 'u gwerthu nhw.

Dwi'n cofio rhedeg cwch mawr yn fa'ma, y *Shropshire Lass*. Sicsti ffeif ffwt o gwch. Mi ofynnodd gwraig y perchennog i mi ei beintio fo'n wyrdd ynde. Mi oedd o lond yr afon ac yn tynnu sylw pawb allan yn fa'ma. Sefyll ar y lan oeddwn i a phawb yn deud 'ew, mae o'n edrych yn dda' am y cwch ynde. Pwy welwn i'n dŵad toc, a'i ddwy law yn ei bocedi a'i ben i lawr, ond Jac Ben. Tybed be fydd gan hwn i'w ddeud rŵan, medda fi wrtha i fy hun ynde. Ddaru o ddim sbio allan ar y cwch o gwbwl, dim ond cadw ei ben i lawr a siarad am betha eraill. Yn y diwedd, dyma fi'n gofyn 'be ti'n feddwl o'r cwch, Jac?' Ddaru o ddim troi 'i ben, dim ond deud dan ei wynt, 'i be oeddat ti'n 'i wneud o'n wyrdd dŵad?' Doeddwn i ddim wedi meddwl, nag oeddwn, ond mae gwyrdd yn lliw anlwcus ar y môr yn tydi? 'Yli Jac,' medda fi, 'yr hen ddynas 'na oedd isio ei beintio fo'n wyrdd.' Dyma fo'n codi ei ben toc a deud, 'welis i'r *Eleanora* yn cael ei pheinio'n wyrdd; mi ddaliodd bysgod yr un fath yn union.' Cystal â deud 'paid â phoeni' ynte.

Douglas Jones: Gwyrdd neu beidio, does 'na ddim cathod môr ar ôl i'w dal yma erbyn hyn.

Owen Roberts: Mi fydda 'na gathod yn dod i'r dŵr bas yma yn fa'ma o fis Ebrill tan ddiwedd Awst. Mi fyddan ni'n cael rhai tua deuddeg pwys yn llawn o wyau ar lein. Wedyn mi ddaeth rhywun efo rhwydi a chlirio'r lle yn do? Dal y cathod efo'r wyau ynddyn nhw ynde.

Douglas Jones: Difa'r ieir ynde.

Owen Roberts: Dal cymaint nes hanerodd y pris. Wedyn mi oedd yn rhaid cael mwy o rwydi i ddal dwywaith gymaint o gathod. Roedd o allan o bob rheswm doedd? Dim ond lein bach hefo rhyw ddeg o facha arni oedd ganddon ni. Digon i gael ffrei ynde?

Mi oedd yma gymdeithas forwrol dda ers canrifoedd am wn i, nes chwalodd y costau lansio uchel 'ma'r cwbwl. Hogia hefo cychod bychan yn mynd allan gyda'r nos – mi oedd 'na amryw yma. Maen nhw wedi gwerthu'r cychod ac wedi mynd ar wasgar erbyn hyn.

Mae yma ddyfodol i'r busnas pysgota 'ma tra bydd 'na geiniog i'w gwneud, ma' siŵr.

Ew, dyna gyda'r nos ddifyr. Doedd dim rhaid i mi holi, dim ond gwrando ar y ddau'n sgwrsio. Mae pysgota yn waith digon anodd a chaled y dyddiau yma, ond argol, mae'n swnio'n llawer iawn caletach pan oedd Owen Roberts yn dechrau.

Efallai y diflannodd y cathod o Bwllheli ac o lawer lle arall hefyd, ond daeth y welcs i'r adwy. Pan, neu os, y diflannith y rheini, sgwn i be ddaw wedyn? Rhyw gyfeirio wnaeth y ddau tra oeddwn i'n cadw'r camera fod darn o bysgodyn sgwâr o'r archfarchnad yn fwy poblogaidd na macrall yn syth o'r môr erbyn hyn. Rhyfedd o fyd.

Iwan Hughes

Yn ogystal â bod yn bysgotwr ei hun mae Iwan yn ymddiddori mewn hanes pysgota a physgotwyr yr ardal hefyd. Bu'n gymorth mawr i mi cyn dechrau ar y prosiect ffilmio, yn ogystal â chytuno i gyflwyno'r ffilm. Er ei brysurdeb roedd yn ddigon parod i mi ei lusgo i ben Mynydd Mawr i wneud darn i gamera ac wedyn ymlaen i fynwent Hebron, i adrodd hanes tri brawd o Fryncroes a foddwyd tra oedden nhw'n codi rhwyd.

Fo hefyd gafod y weledigaeth i recordio'r sgwrs hefo Guto Cae Mur, a chaniatau i mi gael defnyddio'r recordiad hwnnw.

Ar ddiwrnod olaf ei dymor pysgota y cefais i gyfle i fynd allan ar y môr am sgwrs hefo fo.

Mi oeddwn i yn mwynhau mynd allan ar y môr pan oeddwn i'n blentyn yn yr ysgol, pysgota mecryll a gosod rhwydi ar y traeth ac ati. Yn fy ugeiniau oeddwn i pan ddatblygodd yr awydd i bysgota hefo cewyll. Mynd ati wedyn i brynu cwch, trwydded ac ychydig o gewyll. Dyma ddechra cwilla, ac mi ydw i'n dal wrthi.

Mae'n agos iawn i ddiwedd Hydref yn tydi, ac mae gen i ryw fymryn o gewyll ar ôl yn y môr. Am fynd allan am dro i'w nôl nhw ydan ni heddiw.

Gollyngodd Iwan y cwch yn rhydd o'r pontŵn a'i anelu tua'r môr. Doedd dim awel o wynt ond roedd hi'n bwrw glaw yn y modd mwya ofnadwy. Y diwrnod cyntaf yn ystod fy nhaith i mi orfod gorchuddio'r camera hefo bag plastig, dwi'n meddwl.

Sylwais ar y ffordd allan nad oedd llawer o newid wedi bod yn yr harbwr ers y dyddiau pan oedd gen i gwch yno – dim newid amlwg beth bynnag – ond digwyddais daro cipolwg sydyn ar offer electronig Iwan, a gweld bod llawer llai o ddyfnder yno erbyn hyn.

Ia, dechra drwy brynu cwch a mymryn o gewyll ran pleser wnes i. Yn dilyn hynny mi es ymlaen i brynu trwydded a gwneud mwy o gewyll. Wrthi gyda'r nosau o draeth Llanbedrog oeddwn i y dyddiau hynny. Lansio'r cwch hefo tractor ynde. Rai blynyddoedd yn ddiweddarach mi gefais y cyfle i brynu'r cwch yma ym Mhwllheli. Prynais fwy o gewyll wedyn a mynd ati i bysgota'n llawn amser am rai blynyddoedd rhwng misoedd Mai a Thachwedd. Mae'n rhaid i mi ddeud, mi oeddwn i'n mwynhau'r job yn ofnadwy.

Mae 'na rywfaint o gefndir morio yn y teulu – mi fydda fy nhaid a fy hen daid yn pysgota a hwylio a phetha felly. Mae'n siŵr bod hynny wedi bod yn rhywfaint o ddylanwad arna i.

Am gimychiaid y bydda i'n pysgota'n bennaf, er y bydda i'n mwynhau pysgota am fecryll a gosod ambell rwyd bob hyn a hyn o hyd, 'lly. Ond cewyll ydi'r diddordeb mwya ar hyn o bryd.

Mae yma griw ohonon ni tua'r un oed yn pysgota yn Llŷn 'ma erbyn hyn, ac ambell un ieuengach hefyd. Tydi hi ddim yn hawdd i rywun ifanc ddechra heddiw a deud y gwir – mae 'na gymaint o gostau does? Mae rhedeg cwch yn eitem ddrud i ddechra, ac wedyn mae'n rhaid ystyried costau'r cewyll a'r drwydded ac ati. Ew, mae'r costau wedi mynd i fyny yn ofnadwy i gymharu efo pris y cimwch. Tydi pris y cimwch wedi codi fawr ddim dros yr ugain mlynedd diwetha 'ma.

Mae'n medru bod yn job galed ar adegau ac yn dipyn o strygl pan fydd hi'n chwythu, ond ar ddiwrnod braf does 'na'm gwell job yn y byd. Tydi hi ddim yn hawdd gwneud bywoliaeth ohoni ond er hynny mae 'na ambell un yn dal wrthi yn llawn amser ym Mhwllheli 'ma.

Mae 'na rai wedi bod yn pysgota am orgimychiaid yma – ddim yn ddiweddar chwaith. Mae 'na chydig o drôlio yn mynd ymlaen o bryd i'w gilydd ac un neu ddau yn pysgota'r cregyn bylchog yn ystod y tymor. Ambell un yn gwneud chydig o rwydo am ddraenogiaid neu bysgota am y malwod môr hefyd. Ond rhwng misoedd Mai a Thachwedd cimychiaid a chrancod sy'n cael eu dal yn bennaf yma.

Mae 'na bleser mawr i'w gael allan ar y môr 'ma, ond hefyd yn ystod y gaeaf pan fydd rhywun yn cynnal a chadw'r cwch, peintio ac ati. Mae 'na fwynhad mawr i'w gael allan o hynny hefyd, ac o wneud y cewyll gyda'r nosau wrth gwrs.

Gobeithio'n arw y galla i gario 'mlaen i bysgota – un ai yn llawn amser neu yn rhan amser – tydw i ddim yn siŵr. Ond gobeithio y bydda i'n dal i bysgota a chael yr un mwynhad yn y dyfodol.

Yn llawer rhy fuan, roedden ni yn ôl yn yr harbwr. Pasio'r Scallywag o Lŷn (iot ar angor ydi honno, gyda llaw) a chlymu'r cwch yn saff ar y pontŵn. Fydd dim rhaid poeni am gewyll yn y môr drwy fisoedd stormus y gaeaf, na dioddef yr oerni i fynd i chwilio andanyn nhw chwaith. Mae'r cwch yn edrych ymlaen am gôt o baent ar ôl haf caled o waith, mae'n siŵr. Ydi, mae Iwan yn mwynhau cynnal a chadw a pheintio medda fo. Tydw i ddim.

Aeth i lawr i grombil y cwch a diffodd y peiriant.

Distawrwydd o'r diwedd – wel, oni bai am sŵn y glaw yn taro'r bag plastig oedd yn gorchuddio'r camera. Trodd Iwan ei ben dros ei ysgwydd ac edrych yn syth i lawr y lens.

'Dyna ni rŵan, y cyfan drosodd tan yr haf nesa.'

Oedd, roedd y cyfan drosodd tan yr haf canlynol i Iwan, a'r ffilmio drosodd i minnau.

Teimlad o orfoledd, ac esgus i ddathlu, ydi gorffen cyfnod o ffilmio fel arfer, ond nid felly yr oedd hi y tro yma, am ryw reswm. Roedd o'n rhyw deimlad chwithig, hiraethus – ond o leiaf gwyddwn y gallwn edrych ymlaen at gwmni pob un o'r 'sgotwyr ar sgrîn fach yr ystafell olygu am wythnosau.

Prosiect a chwyddodd oedd hwn. Recordio sgyrsiau yn unig er mwyn cael y bobl 'ma ar gof a chadw ar gyfer cenedlaethau'r dyfodol oedd y bwriad gwreiddiol. Wedi cwblhau'r ffilm, ac erbyn hyn, y llyfr, dwi'n mawr obeithio y byddan nhw'n dal i ganiatau i mi 'ngalw fy hun yn un ohonyn nhw.

Geirfa

cefnan	*lein hir hefo nifer o fachau arni*
cistan	*cragen y cranc; y cefn, fel petai*
cniw	*ceg y cawell*
creincia	*dal crancod allan o'r tyllau*
cwilla	*pysgota hefo cewyll*
cynal cwch	*y rhimyn o amgylch top y cwch*
gorllan	*top y llanw*
gwman	*gwymon*
gwrachod/gwrachan	*wrasse*
kedjio	*cadw cwch o'r lan drwy ddefnyddio angorion*
moryn	*ton fwy na'r cyffredin*
rhwyd tramal	*math arbennig o rwyd pysgota*
sgotal	*llawr blaen neu ôl y cwch*
sgolan	*chwa cryf, sydyn o wynt*
sgopia	*y rhaff o'r cawell i'r bwi*
siacar goch	*crayfish*
sprŷd	*rig hynafol i gwch*
stwyo	*tacio / newid cyfeiriad cwch hwylio*
tofftia	*sêt ar draws cwch bach*
werad	*back eddy (cerrynt yn rhedeg yn groes)*